图字号：01-2017-5277

图书在版编目（CIP）数据

环境法院和法庭：决策者指南／（美）乔治（洛克）·普林，（美）凯瑟琳
（凯蒂）·普林著；周迪译 .—北京：中国社会科学出版社，2017.10
书名原文：Environmental Courts & Tribunals：A Guide for Policy Makers
ISBN 978-7-5203-1169-4

Ⅰ.①环…　　Ⅱ.①乔…②凯…③周…　　Ⅲ.①环境法-法院-研究②环境法-
法庭-研究　　Ⅳ.①D916.2

中国版本图书馆 CIP 数据核字（2017）第 245585 号

出　版　人	赵剑英
责任编辑	梁剑琴
责任校对	正　帆
责任印制	李寡寡

出　　版	中国社会科学出版社
社　　址	北京鼓楼西大街甲 158 号
邮　　编	100720
网　　址	http：//www.csspw.cn
发 行 部	010-84083685
门 市 部	010-84029450
经　　销	新华书店及其他书店

印刷装订	北京君升印刷有限公司
版　　次	2017 年 10 月第 1 版
印　　次	2017 年 10 月第 1 次印刷

开　　本	710×1000　1/16
印　　张	12.25
插　　页	2
字　　数	165 千字
定　　价	56.00 元

中文版前言

中国是建立专门环境法院和法庭的世界引领者。

根据中国最高人民法院的数据，截至 2017 年 4 月，各级人民法院共设立环境资源审判庭 956 个，几乎是去年的两倍！它们包括 296 个专门审判庭、617 个合议庭和 43 个巡回法庭。在过去的十年间，环保法庭在中国呈现"井喷式"发展。

2000 年以来世界范围内环境法院和法庭的积极发展也呼应了中国的情境。2007 年，丹佛大学环境法院和法庭研究中心开展调研工作时，全球仅有几百个环境法院和法庭。如今，已经有超过 1500 个环境法院和法庭分布在至少 44 个国家和地区的中央或地方层面（如果将基层的审判机构包括在内，这个数字将会更大）。与此同时，还有许多国家正在讨论或筹划建立环境法院和法庭。促成这个现象的因素很多，包括相关法律和原则在国际和国家层面的发展、人们对人权与环境保护之间关系的认识、公众对已有的普通法院和/或气候变化等环境问题的关切等。人们普遍认为，建立环境法院和法庭是处理这些问题的成功路径之一。

联合国环境署委托我们撰写这本"环境法院和法庭指南"，主要面向的是"决策者"，包括法官、立法者、政府工作者和社会团体。本书中，我们将从优秀的环境法院和法庭的法官以及专家学者那里获取的最新建议传递给读者。这些建议涉及环境法院和法庭的运行、不同模式的"最佳实践经验"、建立或改进环境法院和法庭的具体建议以及关于环境法院和法庭的最新进展和未来展望。对于本书被翻译成中文并在中国出版，我们倍感荣幸。我们希望它能够为环境法院和法庭在中国的有效运行作出贡献。

值得一提的是，中国的最高人民法院已经在"最佳实践经验"的制度化方面取得了一些成就，例如组织环境法官的环境司法培训、开展国际交流和合作项目（2009 年与贵州清镇法院和武汉大学展开合作的项目）、促进环境司法的学术研究（例如武汉大学环境法研究所王树义教授所做的相关研究）、建立环境民事公益诉讼制度以及颇有潜力的环境案件管辖制度等。

对于本书在中国的出版，我们特此感谢：

• 联合国环境署法律司司长伊丽莎白·姆雷玛（Elizabeth Mrema）和她优秀的团队成员，包括法律事务部的希尔维娅·班克贝扎（Sylvia Bankobeza）和杨婉华（Wanhua Yang），她们为本书的审校付出了辛勤的劳动；

• 本书的译者，周迪，武汉大学环境法研究所博士研究生、富布莱特学者，她的最初提议和翻译工作使得本书的出版成为可能；

• 本书的审订者，2011 国家司法文明协同创新中心联席主任、最高人民法院环境资源司法理论研究基地（武汉大学）主任王树义教授，同时感谢司法文明协同创新中心和最高人民法院环境司法理论研究基地（武汉大学）对本书出版的支持；

• 武汉大学环境法研究所的硕士研究生王文卓，她协助了本书部分附件的翻译工作；

• 中国社会科学出版社，特别是本书的编辑梁剑琴女士；

• 50 多位来自世界各地的环境法院和法庭的法官与司法专家——包括法官、法院其他工作人员、政府官员、律师和学者（本书的附件 E 列举了他们的姓名和联系方式），他们为本书贡献了智慧和建议。

通过环保法庭的建立，中国作出了保护环境资源的庄重承诺。良好的法律、有能力的法官和强有力的实施，所有这些都将助力于实现人民的健康福祉和加强中国在环境保护方面的领导力。我们期待她的所有成功！

乔治（洛克）·普林　　凯瑟琳（凯蒂）·普林
丹佛大学环境法院和法庭研究中心联合主任

前　　言

完善治理和增强环境法治对于实现联合国《2030 年可持续发展议程》和气候变化《巴黎协定》的目标而言至关重要。然而，由于一些国家面临长达十年的司法案件积压，各国政府的改革在不断增加基础设施和扩充人员的同时，结合利用了不同形式的专门环境法院和法庭。联合国环境署委托撰写这本环境法院和法庭指南的目的，正是使决策者知悉当前环境法院和法庭的发展状况、应吸取的经验或教训，并了解建立与完善环境法院和法庭的可选择方案。

联合国 2030 年可持续发展的目标之一（目标 16）更加突显了上述选择对于在国内和国际层面取得成功的重要性。这一目标旨在：创建和平、包容的社会以促进可持续发展；让所有人都能获得诉诸司法的渠道；在各级建立有效、负责和包容的机制。这一目标进一步强调了《里约环境与发展宣言》第十条原则，该原则明确指出，可持续发展只有通过有效、透明、负责和民主机制才能得以实现。

鉴于全球范围内有超过 1200 个环境法院和法庭在国家、州/省等层面运行，本书旨在分享精简实用的建议和最佳实践的范例，以使环境法院和法庭变得更为高效。本书进一步更新了 2009 年由丹佛大学环境法院和法庭研究课题编写的、由世界资源研究所出版的《绿色司法——建立和完善专门环境法院和法庭》研究报告。

　　我希望本书能够对世界各国的决策者和司法专家们在探索实施联合国《2030 年可持续发展议程》的过程中有所帮助，并在此对所有为本书的出版贡献了时间和提供了最佳范例研究的人表示感谢。

易卜拉欣·塞奥（Ibrahim Thiaw）

联合国助理秘书长

联合国环境署副执行主任

摘　要

　　加强环境法治、强化司法和完善环境纠纷解决机制对实现联合国《2030年可持续发展议程》及可持续发展目标至关重要，尤其是目标16——"让所有人都能获得诉诸司法的渠道，在各级建立有效、负责和包容的机制"。环境法院和法庭被广泛地认为是能成功实现这一重要目标的有效手段。

　　本指南的目的在于提供一个对现有环境法院和法庭的最新、最全面的比较分析——对环境法院和法庭发展领域最前沿的经验、意见和建议的综合分析。它是为帮助那些寻求改善环境和土地使用纠纷审判机制的政策制定者、决策者和其他利益相关者而专门设计的"路线图"，使之实现澳大利亚法院法所称的"公正、快捷、经济"。它为那些正在考虑新建或完善现有环境法院和法庭的决策者提供了一个便捷的参考，使环境法院和法庭变得公正、快捷且经济上可行。

　　本指南是对丹佛大学环境法院和法庭研究课题编写的、世界资源研究所2009年出版的《绿色司法——建立和完善专门环境法院和法庭》一书的更新。这次更新进一步说明了建立有效的环境法院和法庭的必要目标、步骤和标准。

　　自2000年起，环境法院和法庭的数量呈惊人的"爆炸式"发展。迄今为止，已有44个国家在国家、州/省等层面建立了逾1200个环境法院和法庭。此外，还有约20个国家正在讨论或计划建立环境法院和法庭。这种持续的爆炸式发展，乃是由于新的国际和国家环境法律与原则的发展、人们对人权和环境保护之间关系的认识以及对气候变化对人类所造成威胁的了解，还有公众对现有的普通法院体制的不满等因素造成的。

对传统普通法院与现有环境法院和法庭的系统研究，是为了识别那些阻碍有效解决环境纠纷和诉诸环境司法的相关因素。环境法院或法庭与普通法院的不同在于，它专门审理环境案件，并配备受过环境法训练的审判人员。它的审判过程同时有律师和科学/技术专家的参与，并依赖替代性争议解决办法、放宽诉讼资格、简化案件审查程序和先进的信息技术。

世界上有很多不同的环境法院和法庭模式，本指南只介绍了一些主要的模式。环境法院和法庭可以是法院（隶属于司法系统），也可以是法庭（隶属于行政系统）。无论哪种形式，都反映了一国的社会、经济以及环境特征。有些环境法院和法庭是单独设立的独立机构，有些则是附属于某个机构，但可以对该机构作出的决定进行审查。本指南所介绍的专门环境法院和法庭中，澳大利亚新南威尔士州的土地和环境法院、印度的国家绿色法庭和肯尼亚的国家环境仲裁庭是各种模式的典型范例，它们都采用了多种最佳实践。这些典型范例和最佳实践经相关专家调查鉴定后，被纳入本更新版的指南。

本指南中的"最佳实践"来自法官专家、官员、学者和其他利益相关人士的推荐。把它们列入本指南并加以描述是因为它们不仅能够促进环境司法的可获得性，同时也支持可持续发展国际原则的实现。书中包括的最佳实践范例有：司法独立性、灵活性、替代性纠纷解决机制的运用、综合管辖、放宽诉讼资格、有效救济、执行力、独特的案件管理方式和专家证据等多种手段和方法。本指南还阐述了环境法院和法庭的最新发展趋势，包括合并、渐进式发展和司法改革。这些趋势旨在促使法院更加开放、透明、便捷、经济和负责。

本指南还概括了建立或完善环境法院和法庭的步骤，包括对现有司法体系的评价、相关利益者的参与、对需要改进方面的考虑以及选择能最优化服务于各个国家独特的司法、法律、社会、经济和政治环境的模式与最佳实践。

为了准备本 2016 年联合国环境署的更新指南，作者在2015—2016 年调查和咨询了超过 50 名现任环境法院和法庭的法官与其他专家，阅读了大量有关环境法院和法庭的最新文献，并广泛地更新了丹佛大学环境法院和法庭研究课题的数据库。本指南的附件 A、B、C、D，分别列出已知的正在运行的环境法院和法庭名单、尚在酝酿中的环境法院和法庭名单、已建立但未正式运行的环境法院和法庭名单及少数建立后又被撤销的环境法院和法庭的名单。也许最重要的是附件 E，即环境法院和法庭以及专家的联系名单，因为这些专家可以帮助决策者和其他相关人员充分了解建立一个环境法院和法庭所面临的机遇和挑战。附件 F 介绍了作者的研究资历，附件 G 则列出了推荐参考文献。

背　　景

编写本指南的目的

联合国环境署的这本环境法院和法庭指南，是为那些寻求完善环境审判的政策制定者、决策者和其他领导者提供一份关于环境法院和法庭概览。它阐述了环境法院和法庭的特征，促进环境案件的解决，从而做出更好的知情裁决，以支持联合国 2015 年后多个可持续发展目标的实现，特别是目标 16 的实现：

可持续发展目标 16：创建和平和包容的社会以促进可持续发展、让所有人都能诉诸司法，在各级建立有效、负责和包容的机制。

http://www.un.org/sustainabledevelopment/

　　本指南介绍了世界上各种不同的环境法院和法庭机构模式并列举了其最佳实践范例，为各国有兴趣探索、建立或完善环境纠纷解决机制的人们提供了一个"路线图"。

　　本书初始研究是由丹佛大学环境法院和法庭研究课题的共同负责人乔治（洛克）·普林和凯瑟琳（凯蒂）·普林在 2007—2009 年完成的，他们是 2009 年出版的《绿色司法——建立和完善专门环境法院和法庭》一书的作者。该书是在对近 200 位在环境法院和法庭领域知识渊博的大法官和法官、行政人员、政府官员、私人律师、环境非政府组织的工作人员、学者和社会中的其他人员等的现场访问、电话和电子邮件采访的基础上完成的。他们代表了当时 24 个国家的 152 个环境法院和法庭的人员。此外，大量的综合文献、网络和媒体研究也充实了这项"实地"研究。《绿色司法——建立和完善专门环境法院和法庭》一书由世界资源研究所"权力行动项目"出版，为联合国环境署的本指南的编制奠定了基础。此后，环境法院和法庭研究课题仍然继续，包括研究、数据库创建、出版、出席会议讲演和咨询（详情见 http：//www.law.du.edu/ect-study，了解更多信息以及免费下载《绿色司法——建立和完善专门环境法院和法庭》与其他有关环境法院和法庭研究的出版物）。

联合国环境署把本次 2016 年对《绿色司法——建立和完善专门环境法院和法庭》的更新，视作为那些正在考虑新建或审查、完善、更新和/或改进现有的环境法院和法庭的政策制定者、决策者和其他利益相关者提供的"指南"。为了编制本指南，作者在 2015—2016 年咨询和访问了逾 50 位现任环境法院和法庭的法官与专家，回顾了过去六年的大量环境法院和法庭文献，并大范围地更新了数据库，它们反映了截至 2016 年 5 月的最新环境法院和法庭的数量、机构和最佳实践。

联合国环境署编写本指南的目的在于提供有关现有环境法院和法庭最全面的、最新的比较研究，希望能够为那些正在致力于筹建或完善环境法院和法庭的人提供有用的基本信息和建议。同《绿色司法——建立和完善专门环境法院和法庭》一样，联合国环境署的该指南综合了环境法院和法庭领域内的专家意见和领导者经验，这些意见和经验建立在他们日常实践的基础之上。

> 真正的法治是离不开生态可持续性和司法独立性的。
> ——巴西高等法院大法官安东尼奥·赫尔曼·本杰明（Antonio Herman Benjamin）
> http：//digitalcommons.pace.edu/pelr/vol29/iss2/8 at 586

本书的定位：

1.它是一个概括了当前世界范围内专门化环境法院和法庭的"模式"和"最佳实践"的简短、便捷的使用指南，为建立新环境法院和法庭，或者完善已有的环境法院和法庭提供帮助。

2.它旨在为国家、州/省和地方各级的政策制定者、决策者和其他领导者提供寻求完善诉诸司法、环境法治以及环境可持续的路线图。这将有助于实现可持续发展目标 16，建立和平、公正和强有力的机制，特别是目标 16.3，完善国家和国际层面的环境法治并确保所有人能有平等的诉诸司法的机会。

3.它不是一个环境法院和法庭的"百科全书"。如有需要，可从下列文献中获得更详细的信息：

● 《绿色司法——建立和完善专门环境法院和法庭》——2009 年环境法院和法庭全球研究（可从 www.law.du.edu/ect-study 免费下载，丹佛大学环境法院和法庭研究课题的其他出版物也可在该网站免费下载）。

● 本指南的附件 E——部分环境法院和法庭及司法专家的联系名单。

● 本指南中的附件 G——最新的环境法院和法庭的推荐读物和参考文献的最新列表（尽可能提供可免费下载副本的互联网链接）。

4.它是关于环境法院和法庭设计和运行的宝贵建议集合。这些建议是基于：

● 2015 年年末至 2016 年年初对 50 多位环境法院和法庭专家——法官、官员、律师、倡导者和学者的调查——了解了他们的实践经验。

● 作者自 2009 年以来对绿色司法的持续研究和分析。

● 对大量在线、印刷出版物和其他文献的研究。

每位被调查和咨询的专家都有机会在出版前对本指南的内容进行审阅，最大限度地保证了指南的准确性。

5.本指南不是"学术性"出版物，而是写给使用者的实用指南。指南提供了注释，所有链接的最后一次访问截止于 2016 年 8 月。此外，指南还总结了专家对调查（电子邮件、电话、书面）的反馈。专家的名字将出现在他们所推荐的最佳实践后的注释中，但并非所有赞成该项最佳实践的专家都被注名。

6.本指南所选择的环境法院和法庭的"最佳实践"，是因为它们对强化司法渠道的可获得性、国际法原则的适用和环境法治

作出了贡献。尽管作者和专家认为，根据经验，拥有部分或全部
最佳实践的专门环境法院和法庭确实有助于给个人、社会和可持
续的世界带来更好的结果，但是这个结论并不基于任何人以及任
何记录在案的正式研究，即不能证明专门环境法院和法庭的效果
在一段时间后必定优于普通法院和法庭。在普通法院体系和机构
中，已经有知识渊博的法官做出了，并将继续做出符合国家法律
和国际法规范的卓有远见的裁决。但这种情况往往被视为例外，
并非普遍规律。

7. "国际环境法院和法庭" 不是本指南的研究对象，因为多
国裁决涉及的问题不尽相同，目前在国际层面尚没有任何特别有
用的模式。海牙国际法院在 1993—2006 年设立了一个环境法庭，
但由于没有任何国家使用过它，它已经被废止 （http：//www.
icjcij.org/court/index.php？ p1 = 1&p2 = 4）。常设仲裁法院是海牙
的另一个政府间组织，设有专门的环境仲裁和调解规则，以及一
份专门的各方仲裁员和科学技术专家名单，但仅能用于已同意通
过仲裁或调解解决纠纷的国家 （https：//pca - cpa. org/en/
services/arbitration - services/environmental - disputeresolution/）。国
际海洋法庭是设在德国汉堡的一个政府间机构，只能审理根据
《联合国海洋法公约》 或相关海事协定产生的争端 （https：//
www.itlos.org/the-tribunal/）。加拿大、墨西哥和美国设立了一个
环境执行委员会 （Commission for Environmental Compliance），可
以审理由 3 个缔约方或其公民根据《北美自由贸易协定》 提交的
争议，但不具有执行力 （http：//www.cec.org/）。卢森堡的欧盟
法院 （Court of Justice of the EU） 审理案件，解释欧盟法律并确
保其在所有 28 个欧盟成员国中平等适用；它在环境法方面有一
些非正式的司法专门化，但没有将其制度化。此外，还有一个持
续了十年之久的关于创建一个国际环境法院的呼吁 （http：//
www.policyinnovations.org/ideas/innovations/data/000240）。但无论
是此呼吁，还是其他多国环境裁决机构，都没有得到大多数国家

的广泛支持。

司法在支持可持续发展方面所面临的问题：

1.国际环境法和环境法知识（欠缺）

2.案件积压

3.高成本

4.环境案件难以得到优先处理

5.救济不足

6.传统的"一边倒"判决方式

7.缺乏灵活性的规则

每个国家在实现联合国新的《2030 年可持续发展议程》的过程中都面临挑战，尤其是在实施联合国环境署理事会《关于在环境问题上获得信息、公众参与决策和诉诸司法的国家立法指南》（《巴厘指南》）和可持续发展目标方面。国家司法部门可能面临的挑战如下：

1.法官不了解或未接受过国际和国家环境法律培训，他们无法根据不断变化、复杂以及不确定的科学和技术信息分析做出专业决策。他们可能不会合理优先考虑发展的社会、经济和环境影响的平衡，或者可能无法做出真正公平公正的裁决。

2.普通法院的司法资源被大量的其他案件占用，造成环境案件的长期拖延和司法不能。

3.诉讼当事人诉讼费用、律师费、专家证人费、保证金和上诉费用高昂。

4.无法确定对环境产生影响的案件的优先等级。

5.解决环境问题的救济方法不当。

6.采用"非赢即输"的解决问题的方式，而不用能促进长期可持续的解决问题的"双赢"方式。

7.由于法院规则和程序缺乏灵活性,法院难以做到:适用国际环境法律和标准;提供替代性争议解决的选择;鼓励公众参与决策过程;确保公众获得信息或对公众透明和负责。

针对这些挑战,环境法院和法庭可以在以下方面发挥作用:

● 在国家和国际层面促进法治,确保所有人都有平等诉诸司法的机会(可持续发展目标 16.3)。

● 在各级建立有效、负责和透明的机构(可持续发展目标 16.6)。

● 确保各级的决策反应迅速,具有包容性、参与性和代表性(可持续发展目标 16.7)。

● 根据国家立法和国际协议,确保公众获得各种信息,保障基本自由(可持续发展目标 16.10)。

● 推动和实施非歧视性法律和政策以促进可持续发展(可持续发展目标 16.b)。

许多专家认为,国家和地方环境法院和法庭运用最佳实践,将对实现可持续发展目标做出极大的贡献,而本书正是朝这一方向迈出的坚实一步。

致　　谢

本指南由多位专家贡献完成，旨在为那些正在考虑新建或改善现有环境法院和法庭的人们提供帮助。联合国环境署希望特别感谢以下人士：

联合国环境署法律司司长伊丽莎白·玛璐玛·姆雷玛（Elizabeth Maruma Mrema）：她提出编写这本书的想法，并支持本书的撰写和审阅了不同版本的草稿。同时，本书也得到了负责国家法律工作的官员希尔维娅·班克贝扎（Sylvia Bankobeza）的支持。

世界资源研究所环境民主实践中心主任拉拉娜特·德席尔瓦（Lalanath de Silva）：作为世界资源研究所"权力行动项目"的主任，她在 2009 年卓有远见地鼓励并出版了本指南的前身——《绿色司法——建立和完善专门环境法院和法庭》，该书首次对环境法院和法庭进行了全球分析，由丹佛大学的环境法院和法庭研究课题完成。她同时还保证了世界资源研究所允许联合国环境署使用该书的文本和图表。

丹佛大学斯特姆法学院前院长马丁·J. 卡茨（Martin J. Katz），以及丹佛大学的教师、员工和学生等对丹佛大学环境法院和法庭研究课题自 2007 年启动以来的热忱支持。

非常感谢在本书撰写过程中提供帮助的 50 多位环境法院和法庭方面的司法专家，包括法官、法院其他工作人员、政府官员、律师、倡导者和学者们贡献的智慧与建议。他们对于 2015—2016 年有关最佳实践的研究调查的反馈，使这一指南真正具有价值和实践性。在本书讨论最佳实践部分的注释中，特别标注了一些专家的姓名。此外，附录 E 列出了一个"环境法院和法庭专家联系名单"，包括姓名、职位、邮箱、电子邮件地址以及更新的时间。

为这本书作出颇有价值贡献的专家还有（按照字母顺序排序）：巴西的阿达尔韦托·卡瑞姆·安东尼奥（Adalberto Carim Antônio）法官；巴西的安东尼奥·赫尔曼·本杰明（Antonio Herman Benjamin）大法官；巴拉圭的让－克里斯多夫·拜尔斯（Jean – Christophe Beyers）博士；澳大利亚的本·波尔（Ben Boer）荣誉教授；美国的约翰·博宁（John Bonine）教授；联合国环境署拉美加勒比海地区法律官员安德列·布鲁斯科（Andrea Brusco）；澳大利亚的法院登记员贾洛德·布莱恩（Jarrod Bryan）；瑞典的简·达波（Jan Darpö）教授；巴拉圭的库尔特·德克特拉尔（Kurt Deketelaere）教授；加拿大的杰瑞·V. 德马科（Jerry V. DeMarco）副执行主席；美国的托马斯·S. 德金（Thomas S. Durkin）法官；智利的米格尔·I. 费雷德斯（Miguel I. Fredes）律师；巴西的弗拉迪米尔·帕索斯·德弗雷塔斯（Vladimir Passos de Freitas）博士、教授、前联邦法官；英国的吉檀迦利·内恩·吉尔（Gitanjali Nain Gill）博士；哥斯达黎加的拉斐尔·贡扎雷斯·巴拉（Rafael González Ballar）教授、前院长；墨西哥的佩德罗·雷昂·古铁雷斯（Pedro León Gutiérrez）律师；智利的迈克尔汉克·多玛（Hantke doma）首席大法官；加拿大的马克·哈多克（Mark Haddock）律师；智利的经济顾问弗朗西斯卡·恩瑞克斯（Francisca Henríquez）；比利时的吕克·乔利（Luk Joly）主席；南非的路易斯·J. 科兹（Louis J. Kotzé）教授；印度的前最高法院法官斯瓦檀特尔·库马尔（Swatanter Kumar）主席；比利时的卢克·拉维斯（Luc Lavrysen）法官、教授；萨尔瓦多的路易斯·弗朗西斯科·洛佩兹·库兹玛（Luis Francisco López Guzmán）律师；美国的玛丽·凯·林奇（Mary Kay Lynch）法官；英国的理查德·麦克罗里（Richard Macrory）

教授；奥地利的维丽娜·麦德娜尔（Verena Madner）教授；菲律宾最高法院行政官若泽·迈达斯·P. 马奎斯（Jose Midas P. Marquez）；泰国首席大法官桑特里亚·穆安帕王（Suntariya Muanpawong）博士；新西兰首席环境法官劳里·纽霍克（Laurie Newhook）；肯尼亚首席法官萨姆孙·欧肯欧（Samson Okong'o）；日本的大久保规子（Noriko Okubo）教授；新西兰环境法院专员玛琳·P. 奥利弗（Marlene P. Oliver）；菲律宾的安东尼奥（托尼）·奥博萨［Antonio（Tony）Oposa Jr.］律师；澳大利亚的大卫·帕里（David Parry）法官；澳大利的亚布莱恩·J. 普雷斯顿（Brian J. Preston）大法官；澳大利亚的迈克尔·E. 拉克曼（Michael E. Rackemann）法官；秘鲁首席法官路易斯·爱德华多·拉米雷斯·巴通（Luis Eduardo Ramirez Patrón）；爱尔兰高级讲师艾尼·赖亚尔（Áine Ryall）；巴基斯坦高级法官赛义德·曼苏尔·阿里·沙（Syed Mansoor Ali Shah）；日本学者近藤真人（Mahito Shindo）；日本助理主任白仓侑奈（Yuna Shirakura）；美国的凯西·A. 斯坦（Kathie A. Stein）法官；澳大利亚退休高级法官克里斯汀·特诺邓（Christine Trenorden）；肯尼亚菲的利普·瓦基（Philip Waki）法官；中国的王树义教授；美国的玛丽·贝丝·沃德（Mary Beth Ward）法官；美国杰出法律学者和前法官玛丽德斯·怀特（Merideth Wright）；不丹司法常务官高劳布·叶适（Garab Yeshi）；中国的张宝教授；中国的张敏纯教授和中国博士生周迪。

　　在出版本书的过程中，审读与编辑可能是最必要的但却是最枯燥的工作。以下优秀的专家评论者们花费他们宝贵的时间去审读本书的草稿，他们提出的建议大大提高了本书的质量。外部审阅专家人员包括：贾洛德·布莱恩（Jarrod Bryan），简·达波（Jan Darpö），杰瑞·V. 德马科（Jerry V. DeMarco），拉拉娜特·德席尔瓦（Lalanath de Silva），米格尔·I. 费雷德斯（Miguel I. Fredes），弗拉迪米尔·帕索斯·德弗雷塔斯（Vladimir

Passos de Freitas）、吉檀迦利·内恩·吉尔（Gitanjali Nain Gill）、马克·哈多克（Mark Haddock）、迈克尔·汉克·多马斯（Michael Hantke Domas）、弗朗西斯卡·恩瑞克斯（Francisca Henríquez）、维丽娜·麦德娜尔（Verena Madner）、玛琳·奥利弗（Marlene Oliver）、劳里·纽霍克（Laurie Newhook）、布莱恩·普雷斯顿（Brian Preston）、迈克尔·拉克曼（Michael Rackemann）、玛丽德斯·怀特（Merideth Wright）、高劳布·叶适（Garab Yeshi）。联合国环境署的审阅人员包括：伊丽莎白·玛璐玛·姆雷玛（Elizabeth Maruma Mrema）、希尔维娅·班克贝扎（Sylvia Bankobeza）、安德烈·布鲁斯科（Andrea Brusco）。同时，还要特别感谢联合国环境署出版团队赋予本书生命。

　　我们也要感谢对于花费无数时间，分享宝贵的知识，并愿意支持联合国环境署的乔治（洛克）·普林和凯瑟琳（凯蒂）·普林，以及丹佛大学环境法院和法庭研究课题，他们是这个领域的先驱者。

目 录

法治在公正司法中居于核心地位，是和平社会的先决条件。在这个和平社会中，所有成员都应尊重环境义务、法律面前人人平等，以及遵循公正和归责原则。法律加之强有力的机构，不仅是社会回应环境压力所必需的，也是国际社会应对当今的环境挑战至关重要的。

——联合国环境署法律司司长伊丽莎白·姆雷玛（Elizabeth Mrema）[1]

通过充分、公开颁布的环境立法，公正的执法以及独立审判，环境法治能减少腐败，保障法律的问责制，公平适用法律，（实现）权力分立、（公众）参与决策、尊重人权和真正落实环境正义。

——联合国环境署，联合国环境大会[2]

① Mrema, E.(2015). Prologue.*In Environmental Rule of Law：Trends from the Americas（Organizationof American States*，UNEP，et al.，http：//www.oas.org/en/sedi/dsd/ELPG/aboutELPG/Events/IA_ congress_ 2015.asp at 7.

② UN Environment Assembly of UNEP，Environmental Justice and Sustainable Development：A Global Symposium on Environmental Rule of Law（UNEP/EA.1/CRP.1，First Session，Nairobi，26 June 2014），messages 2，6，www.unep.org/unea1/docs/erl/unep-EA1-CRP1-en.pdf.

位于新西兰北部的赫基昂加港港口。这个港口与一起有关为毛利人修建土著人学校的案件有关，该案由新西兰环境法院立案审理。

第一章　专门环境法院和法庭：
环境审判的转型

第一节　当今环境法院和法庭的"爆炸式"发展

为了应对环境案件审理，在全球范围内出现了专门法院和法庭的"爆炸式"发展，它们急剧地改变着世界环境正义的舞台。环境法院和法庭在全球的迅速普及，成为 21 世纪环境法及其机构发展进程中最引人瞩目的变化之一。

> 环境冲突需要迅速的反应和行动，这与法院系统基于官僚和技术特征而造成的缓慢节奏是不契合的，这将成为法院有效保护环境和促进经济发展的一大障碍。
> ——巴西高等法院安东尼奥·赫尔曼·本杰明（Antonio Herman Benjamin）法官
> http：//digitalcommons.pace.edu/perl/vol29/iss2/9at 584

20 世纪 70 年代，只有屈指可数的几个专门环境法院和法庭——主要出现在欧洲。至 2009 年，当第一次关于全球环境法院和法庭的调查研究完成时，共有 350 个环境法院和法庭被记录在案。如今，仅仅过去了短短的 7 年时间，全球已经有超过 1200 个环境法院和法庭分布在至少 44 个国家和地区。这些环境法院和法庭分布在国家、州或省层面，以及属于州或省的地方和市层面（见附件 A）。这些尚不包括相当数量的"独立的"地方或县、市级别的环境法院和法庭。例如，美国田纳西州至少有 4 个郡一级（county）或市级（city）的环境法院和法庭，这些"独立的"环境法院和法庭没有被纳入本次研究的对象范围。

此外，还有 20 个国家正在计划和讨论建立环境法院和法庭（见附件 B），另外还有 15 个国家已经得到授权但还未正式建立起环境法院和法庭（见附件 C）。同时，有 7 个已经建立了环境法院和法庭的国家选择撤销这些法院和法庭（见附件 D）。这些新兴的专门审判机构不仅快速地改变着传统的司法和行政结构，而且也迅速改变着环境纠纷解决的途径。

强化诉诸环境司法、加强环境法治、促进可持续发展、绿色经济和气候正义的呼声在全球范围内响起。政策制定者、决策者和其他利益相关方——立法者、法官、行政官、企业和社会组织的代表——也通过认真地审视其治理制度和建立新的行政与司法机构以强化获得环境正义和环境治理的途径，以此作为积极的回应。环境法院和法庭逐渐被作为解决传统司法体系之障碍的一个理所当然的途径。

正如世界上第一个在高等法院层面建立的环境法院——澳大利亚新南威尔士州土地和环境法院的首席大法官布莱恩·J. 普雷斯顿（Brian J. Preston）所言：

> 司法在解释与促进法律和法规的实施方面发挥着其自身的作用……人们越来越多地认识到，一个具有专门的环境知识的法院在实现生态可持续发展方面最能发挥这一作用。[1]

那么，人们随之会提出的问题是：

---

[1]　Preston，B.(2012). Benefits of Judicial Specialization in Environmental Law：The Land and Environment Court of New South Wales as a Case Study，in 29 *Pace Environmental Law Review* 396，398，http：//digitalcommons.pace.edu/pelr/vol29/iss2/2/.

- 环境法院和法庭"爆炸式"增长的原因是什么？
- 环境法院和法庭与传统的法院和法庭有何区别？
- 环境法院和法庭如何强化获得司法救济的途径，促进环境正义和法治的实现？
- 过去的二十年出现了哪些环境法院和法庭的模式？
- 哪些"最佳实践"使得环境法院和法庭比传统法院更有效？
- 若创建有效的环境法院和法庭，接下来的步骤是什么？

本书力图为政策制定者、决策者和其他利益相关者回答上述问题。问题的答案来自各国的环境法院和法庭问题专家，本书的附件部分也为对环境法院和法庭增长现象感兴趣的读者提供了相关信息资源。

第二节　环境法院和法庭"爆炸式"发展之根源

> 促使环境变化的因素在不断增长，它们以如此之快的节奏，在如此庞大的规模和波及范围上演变并相互结合，以至于我们的环境面临前所未有的压力。
> ——联合国环境署《全球环境展望 5》[1]

20 世纪 70 年代，随着人们对环境质量、人类健康和自然界的认识和关注度逐步提高，公众对政府采取更有效的决策和行动的吁求也逐渐产生。作为呼应，许多国家和国际组织迅速制定了一批环境标准、法律法规、政策，并建立了相关机制。此外，一些环保非政府组织，如塞拉俱乐部、绿色和平、世界自然保护联

---

[1]　UNEP（2012），*Global Environmental Outlook-5* at 23，http：//www.unep.org/geo/geo5.asp；quoted in Kotzé，L.(forthcoming 2016). Global Environmental Constitutionalism in the Anthropocene at ch.1，p.1.

盟、世界自然基金会等其他机构也迅速崛起，敦促政府在环境保护方面有所作为。信息技术的普及，例如互联网和社交媒体的发展，使得人们更容易就地方、国家和国际层面的环境问题获得相关知识和信息并进行交流。此外，信息技术的普及也持续地满足了全社会关于可靠和有效的环境保护行动的需求。

一　新的国际标准

国际环境法也同样在 20 世纪 70 年代得到发展，并且开始对国家层面的环境法律和制度产生影响。具有先驱作用的 1972 年《斯德哥尔摩宣言》，尽管没有法定约束力，它却奠定了现代国际环境法的基础。联合国环境署亦在同年成立，并作为领导全球的环境机构。环境署的这一地位在 2012 年《我们想要的未来》中得到了再次确认。

1992 年《里约环境与发展宣言》第十项原则

处理环境问题最好要得到有关层面各方公民的参与：在国家层面，每一个人都应能适当地获得公共部门所有的关于环境的信息，并有机会参与环境议题的决策过程：**各国应促进和鼓励公众认识和参与决策，并提供诉诸司法的机会，包括救济和补偿。**

http：/www.unep.org/documents.multilirgual/default.asp？documentid＝78&articleid＝1163

此后，国际环境领域又相继出现了一系列重要的文件，如 1982 年《世界自然宪章》（*World Charter for Nature*），1992 年《里约环境与发展宣言》（*Rio Declaration on Environment and Development*），1998 年《在环境问题上获得信息、公众参与和诉诸司法的

奥胡斯公约》（*Aarhus Convention on Access to Information*，*Public Participation in Decision-Making and Access to Justice in Environmental Matters*），以及联合国环境署 2010 年《关于在环境问题上获得信息、公众参与决策和诉诸司法的国家立法指南》（《巴厘指南》）（*UN Environment's 2010 Guidelines for the Development of National Legislation on Access to Information*，*Public Participation and Access to Justice in Environmental Matters*）（*Bali Guidelines*）等。所有这些国际文件都为国家进行环境治理提供了最佳实践的标准，并促使了三项环境"获得权"的形成——信息获得权、公众参与决策权和诉诸司法权，这三项权利也被认为是环境法治的"三个支柱"。① 由联合国环境署和其他机构发展起来的关于环境权利的国际标准对国家层面环境法的发展产生了深远影响，主要基于以下原因：

环境信息获得、公众参与决策和诉诸司法的权利是构建更具代表性、公正性和有效性的环境决策机制的重要核心。获得信息权使公众能够积极地并在知情的情况下进行有实际意义的参与。公众参与决策加强了政府回应公众所关注的问题和需求的能力，有利于共建共识，使公众接受和实施政府的环境决策的力度大大提高。诉诸司法权能促使政府、企业和个人责任的实现。②

其中，获得权的第三个"支柱"——诉诸司法权——它同时在《里约环境与发展宣言》的原则 10 和《巴厘指南》中得到阐述——被看作环境法院和法庭发展的主要动力。拉丁美洲和加勒比地区各国政府也正致力于达成一个关于环境问题的信息获取、公众参与决策和诉诸司法的区域性协议。其他一些区域也有类似的行动。这正是这项"支柱"的具体表现。

---

① Pring, G.and Pring C.(2009). *Greening Justice*：*Creating and Improving Environmental Courtsand Tribunals*, at 6-9（hereafter Greening Justice），http：//www.law.du.edu/ect-study；Nanda, V.& Pring, G.(2013). *International Environmental Law and Policy for the 21st Century*（2nd rev.ed.）at 97-158.

② Foti, J., et al.(2008). Voice and Choice：*Opening the Door to Environmental Democracy*，http：//www.wri.org/publication/voice-and-choice at 2.

二　国际环境法的发展以及联合国环境署的领导作用

据联合国环境署法律司的统计，截至 2015 年，全球有超过 500 项多边环境协定。[①] 其中有许多是在联合国环境署的牵头和支持下谈判通过的。联合国环境署发起的政府间环境会议和项目，例如 2010 年在印度尼西亚巴厘举办的联合国理事会/全球部长级环境论坛、联合国可持续发展大会（里约+20）、环境法的发展和实施蒙特维的亚方案，以及联合国环境署联合环境大会都进一步发展了环境获得权、法治和可持续发展的相关标准。这些会议和协定反过来又成为国家法律和项目实施手段的动力，并为环境法院和法庭的发展做了铺垫。

例如，2012 年里约大会期间，[②] 全球超过 250 名首席大法官、法官、律师、司法部长、总审计长、总检察官及高级法律实务工作者"抓住这个时代性契机"，通过了《关于环境可持续性的正义、治理和法律的里约+20 宣言》，为环境法、可持续发展和环境权的发展作出自己的贡献。[③] 这项宣言强调了法院在环境保护中的作用，这也是

①　UNEP/DELC, International Environmental Governance, http://www.unep.org/delc/Environmental_Governance/tabid/54638/Default.aspx; DELC, Environmental Law, http://www.unep.org/delc/EnvironmentalLaw/tabid/54403/Default.aspx.

②　On Rio+20 generally, see http://www.unep.org/rio20/About/tabid/101530/Default.aspx; http://www.un.org/en/sustainablefuture/.

③　UNEP, Environmental Rule of Law, http://www.unep.org/delc/worldcongress/Home/tabid/55710/Default.aspx.

首次在如此权威的大会上为环境法院和法庭摇旗呐喊。

环境的可持续只有在公平、有效和透明的国家治理安排和法治的前提下，并基于以下因素，才得以实现：

（b）根据《里约环境与发展宣言》原则 10 的公众参与决策、诉诸司法和信息获取，探索《奥胡斯公约》在这方面的潜在价值；

（e）可获得的、公平的、公正的、及时的和有针对性的纠纷解决机制，包括在环境审判中实现专业化以及程序和救济创新；

（f）认识到人权和环境之间的关系；

（g）解释环境法律法规的特定标准。[①]

国际环境法的制定者和国际法院，例如欧盟和欧盟法院，对其成员国的环境法治实施和诉诸环境司法有着一定的影响。欧盟和欧盟法院的实施行动，特别是关于《奥胡斯公约》相关原则的适用，就帮助了瑞典、英格兰和爱尔兰以及其他欧盟成员国拓展诉诸司法的渠道。[②]

2015 年国际社会达成了两项非常重要的承诺，随着环境纠纷进一步增多，对专门环境法院和法庭所能提供的环境纠纷解决机制的需求也将随之增加。这两项国际性承诺分别为——联合国《2030 年可持续发展议程》[③] 以及 2016 年气候变化《巴黎协定》[④]。这两项动议均包括一些与环境问题有关的承诺、目标和具体指标，其中尚存在一些争议。为了回应这些承诺和目标而制定新的国家法律、决定和采取行动，相关的环境诉

---

① UNEP, Environmental Rule of Law, http：//www. unep. org/delc/worldcongress/Home/tabid/55710/Default.aspx, part II, 3d para（emphasis added）.

② See Darpö, J.（2013）. Effective Justice? Synthesis report of the study on the Implementation of Articles 9.3 and 9.4 of the Aarhus Convention in the Member States of the European Union at 9, http：//ec.europa.eu/environment/aarhus/pdf/synthesis%20report%20on%20access%20to%20justice.pdf.

③ UN, Sustainable Development Goals：17 Goals to Transform Our World, http：//www.un.org/sustainabledevelopment/sustainable-development-goals/.

④ Adoption of the Paris Agreement, opened for signature April 22, 2016, FCCC/CP/2015/L.9/Rev.1（Dec.12, 2015）, http：//www.unfccc.int/resource/docs/2015/cop21/eng/l09r01.pdf.

讼也将随之而产生。目前，有一些关于《2030 年可持续发展议程》和气候变化的问题，已经开始被起诉到包括环境法院和法庭在内的一些法院进行审理。因此，使用专家来处理这些问题的需求将会进一步促进环境法院和法庭的建立和完善。

三　人权

国际上对人权和环境权相互依存关系的认可也对环境法，尤其对环境法院和法庭的发展产生了深远的影响。[①] 联合国环境署对二者关系的描述如下：

> 人权和环境在本质上是相互依存的，并且，二者为可持续发展的实现发挥着相互融合的作用。所有为环境可持续性而作出的努力只有在有利的法律框架下和实现某些人权——例如信息获取权、公众参与决策权和诉诸司法权——的情况下才会变得有效。相当数量的法院判决、国家宪法和法律以及国际文件都认可了二者的紧密联系……[②]

正如加勒比法院温斯顿·安德森（Winston Anderson）法官所指出的那样："如果不把环境完整性融入人权的概念，那么对人权的大多数提及都只是虚幻。"[③]

最早承认清洁和健康环境权是人权的，乃联合国 1948 年人权宣言。该宣言指出："人人都有生存权。"这项宣言在 1966 年

---

① *Greening Justice* at 6-11；Nanda & Pring，note 5 above，at 31-32，595-645.

② UNEP & CIEL（2014）. UNEP *Compendium on Human Rights and the Environment*，http：//www. unep. org/environmentalgovernance/UNEPsWork/HumanRightsandtheEnvironment/tabid/130265/Default.aspx at iii.

③ Anderson，W.（2014）. Judicial Perspectives on Human Rights and the Environment，address to the UN Environment Assembly Global Symposium on Environmental Rule of Law（June 24），http：//www. caribbeancourtofjustice. org/wpcontent/uploads/2014/06/Judicial-Perspectives-on-Human-Rights-and-the-Environment.pdf at 1.

成为具有法律约束力的《公民及政治权利国际公约》。① 随着 1972 年《斯德哥尔摩宣言》原则 1、1992 年《里约环境与发展宣言》原则 1、1998 年《奥胡斯公约》以及其他具有法律约束力的国际环境法律文件和相关软法的颁布，越来越多的共识把人类特别是人类享有"清洁和健康环境"的权利作为可持续发展的核心。② 这些与人权和环境相关的一系列国际性文件成为促进在国际和国家层面诉诸环境司法的有效动力。

四 气候诉讼

气候变化议题甚至早在 2016 年气候变化《巴黎协定》之前就已经在诉讼和法院判决中广泛增加。③ 标志性的气候变化判决是 2015 年巴基斯坦的赛义德·曼苏尔·阿里·沙（Syed Mansoor Ali Shah）法官就阿什格尔·莱加里（Ashgar Leghari）诉巴基斯坦联邦政府案④作出的判决以及荷兰的乌韩达基金会（Urgenda Foun-

---

① Nanda, V.& Pring, G.(2013). International Environmental Law and Policy for the 21st Century (2nd rev.ed.) at 31–32.

② Ibid.

③ Pring, G.& Pring, C.(2010). Specialized Environmental Courts and Tribunals: The Explosion of New Institutions to Adjudicate Environment, Climate Change, and Sustainable Development, paper at 2d Yale-UNITAR Global Conference on Environmental Governance and Democracy (Sept.19), http://www.law.du.edu/ect-study; see also the excellent Sabin Center for Climate Change Law website http://www.law.columbia.edu/climate-change.

④ *Ashgar Leghari v.Federation of Pakistan*, Lahore High Court case no.W.P.No.25501/2015 (Sept. 14, 2015), http://edigest.elaw.org/pk_Leghari (click link at bottom of that webpage).

dation）诉荷兰政府案①。这些案件为全球气候诉讼添柴加火。

五　正在兴起的国际环境法原则

除了那些应实施的国际环境法律规范之外，对环境法院和法庭特别重要的是逐渐形成的国际环境法的原则——那些出现在条约中的指导准则、决定以及学术领域中尚未被认为是可执行之"硬法"的国际戒律。联合国环境署的《国际环境法培训教材》（*Training Manual on International Environmental Law*）列举的国际环境法原则如下：

1.可持续发展、一体化和相互依存原则

2.代内公平和代际公平原则

3.跨界损害责任原则

4.透明度、公共参与及信息获取和补救办法原则

5.合作和共同但有区别责任原则

6.预先防范原则

7.防止原则

8.污染者负担原则

---

① *Urgenda Foundation v.The State of the Netherlands*，District Court of the Hague，Netherlands，case no.C/09/456689/HA ZA 13-1396（June 24），http://edigest.elaw.org/node/42.

9.自然资源获取和获益分享原则

10.共同遗产和人类共同关注原则

11.善治原则①

英国最高法院大法官卡恩沃思勋爵（Lord Carnwath）在2012年曾说过：

建立在诸如可持续性和代际公平等原则基础上的国际环境"习惯法"已经得到了广泛的承认。目前，环境问题在司法领域得到越来越多的认识，专门的环境法院和法庭也在许多国家发展起来……根据《里约环境与发展宣言》原则10，公众参与、信息获取和诉诸司法等方面也取得很大进步。

http：//www.theguardian.com/law/2012/juin/22/judges-envi-ronment-lorol-carnwath-rio

---

六 国际金融

国际金融机构——包括世界银行、亚洲开发银行和其他机构——要求各国寻求财政支持以建立有效的纠纷解决发展机制。申请国际金融机构基金的国家需要证明其具备建立在法治基础上的，能够适用国际法和国内法的争端解决机制。这些国际金融机构还大量地投资于能力建设与合作支持环境法院和法庭的发展。例如，与联合国环境署和世界银行一样，亚洲开发银行在组织亚洲地区的法官、政府官员与其他环境法院和法庭支持者一道，在区域和国家层

---

① UNEP (2006). *Training Manual on International Environmental Law*, http：//www.unep.org/environmentalgovernance/Portals/8/documents/training_ Manual.pdf at 24-37; Nanda, V.& Pring, G. (2013). International Environmental Law and Policy for the 21st Century (2nd reo.ed.), at 19-68.See also the most current UNEP publication on this subject: UNEP (2015). Putting Rio Principle 10 into Action: An Implementation Guide, http：//www.unep.org/civil-society/Portals/24105/documents/BaliGuil-delines/UNEP%20MGSB-SGBS%20BALI%20GUIDELINES.pdf.

面探索建立环境法院和法庭的可行性方面就发挥了引领作用。①

七　环境法院和法庭"爆炸式"发展之国家层面的根源

在全球对持续增加的环境退化和气候变化影响作出积极回应、人们对于发展必须可持续以使下一代和我们的地球能够继续生存这一观念予以理解和承认的同时，一整套复杂的国家、区域和地方层面的环境法律、法规和制度也同步发展起来。

（1）国家宪法

宪法作为各国的国家根本大法，在国际环境法的影响下也在环境方面进行了变革并被逐渐"绿化"。

> 由于宪法规范蕴含于任何一个社会最根本的政治结构之中，绿化宪法将成为从不可持续性向可持续性过渡的一个有力的潜在机制。因此，宪法中任何一种向绿色或可持续方向的转变都可能预示着一个深层的政治秩序的转变。②

自 1992 年《里约环境与发展宣言》原则 1 确认了人类"有权同大自然协调一致从事健康的、创造财富的生活"以来，承认这项"生存权""健康环境权"以及类似权利的条款已被包括在至少 108 个国家的宪法之中。③

---

① Asian Development Bank （2012）. Environmental Governance and the Courts in Asia, http：//www.adb.org/publications/environmental-governance-and-courts-asia-asian-judges-network-environment.

② Barry, J.（2008）. Towards a Green Republicanism：Constitutionalism, Political Economy, and the Green State, in 17（2）*The Good Society* 3, at 4, https：//www.researchgate.net/publication/236814631_Towards_a_Green_Republicanism_Constitutionalism_Political_Economy_and_the_Green_State.

③ Boyd, D.（2013）. The Constitutional Right to a Healthy Environment, in *LawNow*（Feb.28）, http：//www.lawnow.org/right-to-healthy-environment. Moreover, 177 of the world's 193 UN member nations recognize this right either in their national constitutions or in their legislation, court decisions, or international agreements.Boyd, D.（2012）. The Constitutional Right to a Healthy Environment, in Environment（July-August）, http：//www.environmentmagazine.org/Archives/Back% 20Issues/2012/July-August%202012/constitutional-rights-full.html.

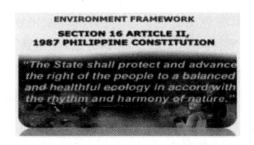

　　全球新的证据表明，宪法性环境权利和义务是推进更强
有力的环境法律形成、执行和加强环境治理中公众参与的催
化剂。最为重要的是，取得较好环境保护效果的地方都与环
境保护宪法性条款之间存在着非常紧密的关系。①

　　因此，这些在国际环境法的影响下形成的宪法环境保护条款
在诉讼中被引用，同时也成为促进环境法院和法庭发展的另外一
大动力，也就不足为奇了。例如，印度 2010 年制定《国家绿色
法庭法》的原因之一，就在于其《宪法》第 21 条规定了享有健
康环境的权利是生存权的一个组成部分。② 肯尼亚在这个方面走
得更远，它是世界上第一个在国家宪法中授权建立环境法院和法
庭的国家。③ 在一些法院判决中已经出现了基于这些宪法性权利
的判决，例如，加拿大安大略省、印度和肯尼亚的环境法院和法
庭，尤其值得注意的是在安东尼奥·赫尔曼·本杰明（Antonio
Herman Benjamin）大法官带领下的巴西高等法院（该法院是一
个具有普通管辖权的上诉法院，并非环境法院）。

　　（2）国家法律

　　国际环境法的影响不限于宪法。根据国际环境法，在国家（甚
至地方）层面制定环境法院和法庭相关法律的现象也越来越多。例

---

　　①　Boyd, D.(2013). The Constitutional Right to a Healthy Environment, in *LawNow*, in 10th un-numbered paragraph.

　　②　The National Green Tribunal Act of India, 3rd unnumbered preamble, www.moef.nic.in/down-loads/public-information/NGT-fin.pdf.

　　③　Constitution of Kenya, secs.162 (2) (b), 162 (3), http：//kenyalaw.org/kl/index.php?id = 398.

如，印度的《国家绿色法庭法》就表明，其制定就是为了履行印度作为 1972 年《斯德哥尔摩宣言》和 1992 年《里约环境与发展宣言》成员国的国家义务，以"提供有效的司法和行政诉讼渠道"①。

如今，对于各个层面的致力于解释环境法律的法官们来说，面临着一个日趋复杂的法律体系，其中，国际环境法、正在兴起的国际环境原则和新的国际标准以及最佳实践与已有的复杂的国内环境和土地利用法律叠加。法官们需要对复杂和快速变化的科学技术证据进行评估、对未来环境影响进行预估，并依照可持续发展的要求，权衡相互冲突的经济、社会和环境等利益，这些必然加重了他们面临的挑战。因此，由于各国有专业知识审理的大量需求，转向寻求建立专门的环境法院和法庭也就理所当然了。

八 公民社会团体

公民社会团体也是环境法院和法庭建立的一个主要政治动力。对于公众而言，他们的生命、生存环境和生活方式都与环境、健康、土地利用决策的制定息息相关。公众在这些至关重要的决策是否公正、有效和执行等问题上都有既存的利益。在许多国家，公众对传统法院体系的诸多不满——公众观察到的拖延、偏见、缺乏专业知识、政治独立性不足、高昂的诉讼费用以及/或腐败等——是公民社会团体推动新的法院体系形成的主要动力。② 按照《澳大利亚法院法》简单而深刻的说法：公众想要的是一个"公正、快捷和经济"的法院。③

---

① The National Green Tribunal Act of India, unnumbered preambles 1, 2 and 4, www.moef.nic.in/downloads/public-information/NGT-fin.pdf.

② Pring, G. & Pring, C. (2012). The Future of Environmental Dispute Resolution, in *Perspectiveson International Law in an Era of Change* 482, 485–491 (simultaneously published in 40 *Denver Journal of International Law & Policy* 482), http://www.law.du.edu/ect-study.

③ Civil Procedure Act 2005, sec.56 (1) (New South Wales, Aus.), www.austlii.edu.au/au/legis/nsw/consol_act/cpa2005167/s56.html; Preston, B. (2014). Characteristics of successful environmental courts and tribunals, in 26 Journal of Environmental Law 365, http://www.lec.justice.nsw.gov.au/Pages/publications/speeches_papers.aspx.

公众对环境司法"公正、快捷和经济"的要求，正在促使政策制定者、决策者和其他利益相关方重新审视冲突解决机制，并评价其是否有能力满足上述三个公众合理的期待。通常情况下，各利益相关人的总结是，传统的法院系统只能提供有限的信息获取（尽管有信息自由等法律规定）及很少的公众参与和诉诸司法的机会。并且，法院还可能在作出判决时产生实质性延误，导致高昂的时间和经济成本，而最后作出的决定也难以真正保护生命、环境或可持续发展等。

澳大利亚新南威尔士州民事诉讼法 §56（1）条：本法案最重要的目的就是在诉讼中对实质问题进行公正、快捷和经济的解决。

对环境法院和法庭的支持还来自一些出人意料的领域。连商业团体都感受到诉诸司法机会的匮乏。在智利和其他一些国家，商业利益也是支持建立环境法院和法庭的主要原因之一。对平衡、公平、速度、效率和公正的要求来自社会的各个方面和所有类型的诉讼人。

不仅公众发现普通法院和法庭难以满足他们的需求，就连法院自己也感到，迅速增加的环境法的复杂程度，以及快速权衡极其复杂的科学证据的必要性，使得满足公共的需求几乎成为不可能。面对超负荷的工作、环境司法知识的缺乏、人员不足以及对环境正义的需求，许多法院和法官都成为专门环境法院的拥趸。这些杰出的法官来自印度、菲律宾、泰国和阿根廷。公正、快捷和经济的程序符合每个人的利益。

位于新西兰南岛皇后镇湖泊区的海因斯湖，有关这里湖景观保护的一起诉讼被起诉到新西兰环境法院。

第二章 什么是环境法院和法庭？

第一节 环境法院和法庭的特征

"司法在解释和促进法律和法规的实施方面发挥着自身的作用……人们越来越多地认识到，一个具有专门的环境知识的法院在实现生态可持续发展方面最能发挥这一作用。"①

拥有不同类型环境法院和法庭的国家：
- 澳大利亚
- 孟加拉国
- 巴西
- 加拿大
- 智利
- 中国
- 哥斯达黎加
- 萨尔瓦多
- 英国
- 印度

---

① Preston, B. (2012). Benefits of Judicial Specialization in Environmental Law: The Land and Environment Court of New South Wales as a Case study, in 29 *Pace Environmental Law Review* 398, http://digitalcommons.pace.edu/pelr/vol29/issz/z/.

- 日本
- 肯尼亚
- 马拉维
- 新西兰
- 巴基斯坦
- 菲律宾
- 萨摩亚
- 瑞典
- 泰国
- 特立尼达多巴哥
- 美国

目前，各大洲都有环境法院和法庭，无论大国还是小国，无论民主制还是非民主制国家，无论是富有的发达国家还是最不发达的贫穷国家，无论普通法系还是大陆法系国家，抑或亚洲法或混合法的国家；无论是基督教、伊斯兰教、印度教、佛教还是其他宗教国家。在环境法律高度发展的国家有环境法院和法庭，在环境法律较弱或环境法没有得到有效实施的国家也都有环境法院和法庭。环境法院和法庭还分散在国家、州/省和地方/市各个层面。无论是地理上还是政治上，环境法院和法庭在整个世界上都有令人惊讶的覆盖率。

如前文所述，在地方/市级层面建立的相当数量的环境法院和法庭没有被包括在本指南所列出的名单中，它只包括了那些在国家或州/省层面运行的，或属于它们组成部分的那些环境法院和法庭（纽约市的"独立"环境法庭除外，后文会进一步解释）。在国际层面，即便一些国际法院，例如国际法院、国际海洋法法庭和欧洲法院也处理环境纠纷，但真正意义上有综合管辖权的多边环境法院和法庭还没有建立起来。由于这些国际法院的管辖权和执行力都有限，无法为环境法院和法庭的建立提供模式，它们也没有被纳入本指南。

关于环境法院和法庭的建立模式，不同的国家有不同的做法。环境法院和法庭的建立也与本国普通法院不同。环境法院既可以由发展完备的、独立的、配备了受过良好训练人员和有充足财政支持的司法分支机构建立，也可以是简单的、缺乏财政支持的、由流动法官一个月只有一天处理环境案件的乡镇环境法院。环境法庭则既有由前最高法院大法官主掌的、配备法官和科学、经济等专业博士的较为复杂的行政分支机构，也有地方一级的不配备法官的土地利用规划委员会。有的环境法院和法庭每年处理数百或上千件案件（如纽约的环境法庭在2015年一个财政年度内处理了超过600000件的案件，中国的456个环境法庭在过去的两年判决了233201件案件！），而有的环境法院和法庭一年仅处理3—4个案件。有的环境法院和法庭拥有综合管辖权，即同时拥有民事、刑事和行政案件的管辖权，而有的仅拥有其中一个或两个权限。有的环境法院和法庭的管辖权覆盖全国，涉及环境和土地利用规划/开发法，而有的则限制在某一个或一些领域。还有的环境法院和法庭，其管辖权被严格限制在某一个类型的案件上，例如审查环境影响评价是否做得充分。但是，整体的发展趋势是扩大环境法院和法庭的管辖权，使其更加综合和具有包容性，以使案件能够以一种完整的方式得到审理。

公平地说，在没有环境法院和法庭的地方，建立环境法院和法庭并非是改善环境公正和环境法治的唯一理想路径。环境司法的专门化既有支持者，也有反对者。专门法院和法庭已存在多年（如专门的家庭、交通、税收、毒品、破产等法院和法庭）。但是，专门的环境法院和法庭仅仅在过去的一二十年才得到广泛的国际关注。以下是对那些支持和反对的观点的一个总结。

第二节　优点

环境法院和法庭的支持者们认为，专门的环境审判机构具有以下优点：[①]

1.专业性：有专业知识的决策者能做出更好的决策。

2.有效性：提高效率，包括更快速地做出判决。

3.可见度：明显反映出政府对环境和可持续的支持，为公众提供一个更显而易见的平台。

4.诉讼费用：降低了诉讼人和法院的诉讼费用。

5.统一性：增加判决的统一性，诉讼当事人可以合理预见其结果。

6.诉讼资格：可以制定规则，放宽自然人、环保非政府组织以及公益诉讼人的诉讼资格（中国以及其他一些国家，近期制定了扩大环保非政府组织诉讼资格和公益诉讼人的相关立法）。

7.承诺：促使政府实现其对环境和可持续发展做出的承诺。

8.问责：增强公众对政府问责。

9.优先性：优先处理紧急案件的能力。

10.创造性：可以制定规则，使诉讼程序和救济方式有创新和灵活的空间。

11.替代性纠纷解决机制：加强运用替代性纠纷解决机制和其他非对抗性纠纷解决机制，包括正义的修复，以达成双赢和可执行的共识。

12.管辖的融合：以更完整的方式处理不同的法律问题，特别是在环境法院和法庭同时拥有民事、刑事和行政案件管辖权的情况下。

13.救济方式的综合性：可以将民事、刑事和行政方面的救

[①]　For more detail on "pro" ECT arguments see *Greening Justice* 14-16.

济作综合考虑，完整地一起执行。

14.公众参与：可以增加公众参与，进而加强诉诸司法，它是三项"获得权"的第三支柱。

15.公信力：增强公众对政府和司法系统的公信力，社会成员将更愿意将问题交给环境法院和法庭来处理。

16.解决问题：法官们可以超越狭隘的法治运用（"单纯的对与错"），进而对解决问题的方式进行创新。

17.司法积极能动性：法官们可以积极适用新的国际环境法原则、自然正义以及国家和地方法律。

18.调查：在没有案件时主动对环境问题开展调查。

专门化本身并不能保证上述潜在的积极优势自动地发生。但是，环境法院和法庭的建立可以通过一些特定的设计，以保证这些在传统司法机构中不突出或不可能发挥的优势，部分地甚至全部地发挥出来。

第三节　潜在的缺陷

一般性地反对司法专门化以及反对环境法院和法庭的人们认为，应由非专门化的普通法院来解决环境纠纷。他们提出了以下的反对观点：[①]

1.需求竞合：（除了环境问题之外）还有其他法律领域也被认为具有甚至更强烈的专门化需求。

2.边缘化：将环境案件从主流案件分离出来意味着它们将得到更少的关注，因而只能配备更低素质的法官，享有更少的财政支持和有限的司法进步机会。

3.碎片化：导致法律体系支离破碎，孤立了重要的环境问题和法官。

---

① For more detail on "con" arguments see *Greening Justice* 17-18.

4.内部改革：在现有的普通法院系统内进行变革会更好些。

5.案件量不足：没有足够的环境案件支持环境法院和法庭的存在。

6.费用：建立一个新机构并非物有所值。

7.混淆：公众会对环境案件的定义产生混淆，难以决定具体的案件将去哪个法院起诉。

8.什么是"环境"：很难对"环境"案件进行定义，且一个案件如果既包括环境问题又包括非环境问题时将如何处理？

9.利益影响：特殊利益将会更容易影响和控制普通法院体系之外的一个小小的环境法院和法庭。

10.通才型法官：有人认为通才型法官拥有广阔视野和经验，不会只见树木不见森林，他们作出的判决会优于专家法官。

11.司法偏见：专家法官会对环境保护积极倡导和偏向环境保护，以至于在分析问题时难以保证平衡和整体化。

12.司法能动：环境法院和法庭会使其法官僭越他们的司法权限，这些法官会更像立法者或政策制定者那样进行裁决。

13.专业训练缺口：没有足够的具备所需专业知识的法官或律师。

14.司法职业：只关注狭隘的领域会断送法官的职业前景。

15.等级低的法院：建立比普通法院等级低的环境法院和法庭存在风险，"少数派"的法官将意味着他们的权力会更小。

作为回应，伦敦大学学院法学院的理查德·麦克罗里（Richard Macrory）教授，一位环境法院和法庭的坚定支持者，同时也是英格兰和威尔士的新"环境法庭"之父，将他所见到的反对论点总结如下：

当环境问题被融入法律决策的各个领域中时，它可能会被推到一个特殊的路径；非专门的但高素质的法官可以带来新的视角和洞见；况且……在环境案件和非环境案件之间划清明确的界限并不容易。

在对本研究进行专家调查的过程中，另一个反对的观点认为，环境法院和法庭会培养一种"惠顾文化"，即为前任（普通法院）的法官、资深行政人员或技术官僚提供清闲的、退休后的岗位。

这些环境法院和法庭可能出现的缺陷仅仅应该被认为是"警告牌"。在制定实施战略和选择最佳实践时，可以并且应该避免这些潜在的缺陷，充分发挥拓展司法渠道、公正化和专门化的未来优势。

　　澳大利亚昆士兰州的迈克尔·E. 拉克曼（Michael E. Rackemann）法官在主持庭审。本图反映了信息技术在环境法庭中的运用。

第三章 环境法院和法庭的模式

建立环境法院和法庭并不存在一个适合于所有情形的最佳模式。每一个环境法院和环境法庭都反映了其所在国特有的国家特色、文化和法律体系。对每个国家而言,"最好的"环境法院和法庭要能适合这个国家特有的生态、历史、法律、司法、宗教、经济、文化和政治环境,这一点是一目了然的。只有这样的模式才能促成所有利益相关方都能诉诸司法,通过最有效率的过程使纠纷得以解决。最佳可行的模式应当是通过一个公开、透明的程序进行深入分析的模式。

从环境法院和法庭的研究与受访专家(详见附件 E 的名单和联系方式)的反馈来看,目前存在很多可以考虑的成功的模式。这些模式被选为范例是因为它们代表了不同的国家类型、法律体系、不同程度的发展阶段及其实践经验、所需成本和其复杂程度。以下选出的每一种模式,我们都会列举一些真实的环境法院和法庭作为范例。尽管除了所列举的范例外,还有很多很好的范例也可以引用。然而,为每一种模式的环境法院和法庭列举出的最佳实践范例并非是那种模式的法院和法庭所特有的,在其他类型的环境法院和法庭中也同样会采用这些实践。

第一节 最初的考虑

值得注意的是以下这些要素或多或少会影响对环境法院和法庭模式的选择。评估以下这些要素将帮助决策制定者选择出最切合实际的环境法院和法庭模式：

- 领导力：没有强有力的领导，环境法院和法庭就会摇摆不定；
- 公众需求：支持进程和教育社会所必需的；
- 政治上的支持：没有政治上的支持和预算，环境法院和法庭肯定会失败；
- 司法支持和归属感——对现有的司法专门化的反对会扼杀所有已做的努力，或导致仅有书面上的授权而没能实际建立环境法院和法庭；
- 预算：即使是最简单模式的环境法院和法庭，也必须有一定的预算；
- 反对论：来自司法界、行政界和商业利益者的强烈反对会对建立环境法院和法庭构成威胁；
- 改变现状：如果现有的体制和环境法太弱，甚至造成明显的障碍，那么当务之急应该是改变这些现状；
- 反民主情绪：一个不支持公众诉诸司法或法治的政府或体系将会抵消环境法院和法庭所做的努力；
- 执法机构能力不足或腐败：如果没有有效的执法机构，环境法院和法庭会很无能为力；
- 缺乏受过环境培训的法官和决策者：所有初次任命的法官最好具备环境方面的知识；
- 缺乏受过环境培训的律师：如果没有环境律师作为基础，环境法院和法庭可能难以受案或使案件以较好的方式呈现；
- 缺乏司法培训能力：通过致力于环境专业教育的学术机构、高校、政府间组织、非政府组织进行的司法教育是必要的；
- 公众的认知水平：公众教育和公众意识是建立有效的环境法院和法庭的基石，这是在规划过程中要考虑的一个重要因素。

如前所述，在本研究中，"法院"（court）是指政府司法部门的一个机构或分支，"法庭"（tribunal）是指所有的非司法纠纷解决机构（特别是那些政府行政/执行/部级分支机构）。此外，还有其他的环境纠纷解决机构，后面会作进一步讨论——例如监察员（ombudsman）、检察官和人权委员会，只要它们可以（1）实现环境问题专门化，并且（2）无须诉诸法院即能解决纠纷。但这种机构非常鲜见。

"法院"或"法庭"

在一些国家，"法院"和"法庭"这两个词可以交替使用。例如，在西班牙语中，"法庭"可以用于司法法院，也可以用于行政法庭或机构。为了明确区分两者，在本环境法院和法庭研究中，这两个词的使用是根据法院和法庭所归属的政府分支机构——"法院"（court）是指司法部门的分机构，而"法庭"（tribunal）则指非司法部门的机构。

环境法院和法庭的建立、管辖、权力、预算、问责机制等可以通过以下方式得以确认：（1）立法；（2）上级政府机构的规章和制度规则；（3）环境法院和法庭自己的规则。受过法律训练的法官是环境法院的决策者，尽管现在越来越多的环境法院也有非法律专业的科学技术法官或专家（瑞典、智利、新西兰）。环境法庭可以只配备受过法律训练的法官，但同时也可以配备科学技术决策者，甚至非职业的外行决策者。目前，至少有一个环境法庭不要求其每一位成员都必须是法学出身（爱尔兰）。

在一些国家，例如加拿大，它们引以为荣的是在环境和土地利用决策方面拥有一种"法庭文化"（tribunal culture），而非"法院文化"（court culture）。在另外一些国家，例如菲律宾、巴基斯坦和智利，其环境司法文化则是建立在法院的基础之上。在大陆法系国家，例如泰国，常常有两个分离的法院体系——一个是普通民事和刑事诉讼管辖（涉及私主体），另一个则是行政诉讼管辖（涉及政府）。在泰国的例子中，这两个法院体系中均有分布于各个级别的专门环境法院。一些国家，例如比利时，有宪法法院，但在这些宪法法院中尚不存在正式的环境法庭。奥地利和美国在不同的州或领地，有不同的混合型的环境法院和环境法庭。在很少的一些国家，既有环境法院，也有环境法庭和监察员（ombudsmen）。例如肯尼亚就设有初审和上诉环境法院，一个审查环境影响评价的环境法庭，以及一个独立的环境监察组（environmental ombudsman panel）！

每一种环境法院或环境法庭模式都有其优点和弊端。依据其特征和最佳实践，我们为每一种模式都挑选了几个典型的环境法院和法庭的范例。

第二节　环境法院

根据作出判决的独立性（decision-making independence），本研究鉴别出了四种环境法院的模式，以及一种替代性模式。

环境法院模式

1.独立运作的环境法院（单独的、完全或很大程度上独立的环境法院）

2.有独立判决的环境法院（建立在普通法院之内，但独立自主地制定自己的规则、程序和判决）

3.法学背景出身和科学背景出身法官相结合的环境法院（可以按照模式1或模式2建立，由两种背景出身的法官一起做判决）

4.普通法院指定法官（在正常的案件量之外另外分配环境案件，法官通常没有必要对环境问题有兴趣、有专门知识或培训）

5.接受过环境法培训的法官（有可能时不时被分配或不被分配环境案件）

一　独立运行的环境法院

完全独立或实质意义上独立的法院模式代表了最高形式的环境法院。通常情况下，它们的建立费用最高，运行最复杂，有着最广泛的管辖权和最多的最佳实践，它们被称为"劳斯莱斯模式"。因此，独立运作的环境法院是环境司法专门化要努力的方向，但对初建的环境法院，这未必是最佳模式。以下列举的三个不同的范例显示了这种模式的环境法院是如何运作的。

三个独立运行的环境法院范例：
澳大利亚新南威尔士州——土地和环境法院
新西兰——环境法院
巴西亚马孙州——环境和农事法院

澳大利亚新南威尔士州——土地和环境法院（http：//www.lec.justice.nsw.gov.au/）

澳大利亚新南威尔士州土地和环境法院被广泛认为是全球范围内运行最佳的独立环境法院之一。作为州法院系统内高等法院（superior court of record）一级的法院，土地和环境法院的判决可以被上诉到民事和刑事上诉法院以及州最高法院，但土地和环境法院在运行和判决方面都保持了相当大程度的独立性。作为一个独立的环境法院，土地和环境法院的历史可追溯到 1980 年，基于它的创新性、最佳实践及其为全世界环境法院提供指导，它被认为是最卓有远见和最成功的模式之一。土地和环境法院有 6 位法学背景出身的法官和 21 位科学技术专家委员，它在环境、土地利用规划和开发事项上拥有全面的和排他的管辖权。它采用了一系列创新性的最佳实践，^① 并仍在不断地进行完善。其中包括：

- 有一个评选优秀法院的国际评估框架，其中包含了 7 项法院绩效评估指标；

- 环境刑事犯罪量刑网上数据库，为法官及时提供量刑的统计数据和有关注释；

- 承诺引领全球法律界和司法界；

- 承诺为全球法律界提供有关环境法院和法庭的出版物、论文和演讲；^②

- 为法官、专家委员和其他工作人员提供持续的专业培训；

- 创建环境法院使用者和矿藏法院使用者的沟通平台，对环境法院进行评估，为大法官们提出建议，并作为推动改革完善的催化剂；

- "多门法院"的运行设计，为原告当事人提供全方位的纠纷解决服务，从案件开始到整个过程，包括和解、案件早期中立评价、调解和仲裁；

- 在专家证言管理方面的创新（在昆士兰州、西澳大利亚州和新西兰也是如此），具体而言，根据法院规则的规定，专家应遵守一定的行为准则，专家的首要义务是针对法院而非针对当事人，其形式包括当事人双方专家联席会、书面报告、合并证据，以及运用法院专家委员的专业性；^③

- 率先适用修复性司法，即环境损害的受害人和施害人参与到修复损害和防止损害再次发生的过程中；

- 原则性量刑方法，即判决与具体犯罪行为相吻合。

---

① See the LEC's description of these at www.lec.justice.nsw.gov.au/Pages/about/strategic_ innova-tions.aspx.

② See the impressive lists of publications and speeches by the LEC judges at www.lec.justice.nsw.gov.au/Pages/publications/speeches_ papers.aspx).

③ Preston, B.(2014). Specialised Court Procedures for Expert Evidence, plenary address at Japan Federation of Bar Associations (Oct. 24), http://www.lec.justice.nsw.gov.au/Pages/publications/speeches_ papers.aspx.

新南威尔士州的环境法院如今取得的成就不是一蹴而就的。事实上，自 20 世纪 80 年代以来，土地和环境法院历经了非常重大的变革和完善。自 1979 年授权立法开始，经过 35 年的实践，包括司法领导、充足的预算、全面管辖权、政治上的支持和利益相关者的监督，其结果是形成了多数专家公认的环境法院的最佳模式、一个其他国家也许想效仿而建立的模式。

新西兰——环境法院（www.justice.govt.nz/courts/environment-court）

新西兰环境法院也是全球最早建立的和发展最完善的环境法院之一。它的组成人员包括 9 位法学背景出身的法官和 15 位拥有科技、经济、农业以及调解等多样化背景的环境专家委员。环境法院的管辖范围覆盖全国，它在三个不同的岛屿设有登记处，还到案件发生地开展审判工作。这使得环境法院能为全体公民，包括土著毛利人，提供全国统一的环境审理，不受地域的影响。

新西兰环境法院广泛地运用法院辅助的替代性纠纷解决机制。替代性纠纷解决通常由 15 位专家委员之一主导。不通过法院审判而运用替代性纠纷解决机制解决的案件占相当大的比例。和解协议可以呈递给法院，经过法官的批准或修改，可以作为法院最终判决的一部分。

位于奥克兰的新西兰环境法院大庭审室正在举行的专门会议。

值得强调的是，环境法院的授权立法允许其按照最适合自己的程序来开展工作，不受普通法院程序或证据方面的规则限制。个人或团体可以自我代理而不需要律师。在这种情形下，他们将被指定一个"程序指导人"（process advisor）就程序和相关重要问题整合等进行指导，以实现有效审判。环境法院还充分利用信息技术，包括利用平板电脑对案件材料进行跟踪、互动网站、录音和电话会议等。新西兰环境法院目前正在探索建立电子文档程序（这对其他环境法院和法庭而言绝对是一个最佳实践），尽管到 2016 年中期还没有完全建立好电子文档。

巴西亚马孙州——环境和农事法院（http://www.tjam.jus.br/index. php?option＝com_qcontacts&view＝local&id＝442）

巴西亚马孙州环境和农事法院是实质意义上独立的环境法院的又一范例，它以拥有最宽泛和最有创造力的救济手段而闻名，远远超出了大部分环境法的规定。在葡萄牙语中，环境和农事法院被称为"Vara Especializada do Meio Ambiente e de Questões Agrárias"，缩写为 Vemaqa。法院的法官阿达尔韦托·卡瑞姆·安东尼奥（Adalberto Carim Antônio）创造了很多新的、被他本人称为"符合目的"的救济方式。一个极为突出的例子就是他创办了一个环境法违反者的夜校，这项创新获得了巴西 2013 年的国家司法奖。正如卡瑞姆法官所言：

> 除了环境损害的修复之外，过去十年间实行的强制性环境课程也被证明为有效和十分重要的。在此期间，环境犯罪的累犯记录为零。参与者们最后成了生态学家，他们学习环境法的基本知识以及政府环境保护机构的具体职责。

其他的救济方式包括社区服务、环境损害修复以及要求大型企业支付在公共汽车和其他场所张贴环保宣传标志的相关费用等

有特色的判决。卡瑞姆法官还是一个颇有成就的艺术家，他为他
所任教的地方学校创作了漫画书并为其插图，用于环境教育课。
漫画书的印刷等费用由违法者支付。这些创新型救济措施之所以
取得成功，一部分原因就在于巴西环境法的强硬措施，很多都是
由刑事法律规定的。因此，法官可以向违法者提供选项：要么被
处以常规的刑事处罚，罚金或监禁，要么"自愿"同意上环境夜
校、为野生动物保护机构工作，或为公众环境教育作贡献。

　　此外，该法院还值得称道的是它配备了一辆装备良好的巴士
车，可用作"迷你"法庭，供在边远地区开庭使用。它还可以利
用亚马孙河上的船，到边远地方开庭。

二　独立判决的环境法院

　　有些环境法院作为普通法院系统的一部分，处于普通法院系
统的监督、预算、人员和管理之下。但在程序、规则和判决方面
具有实质上的独立性。分别位于地球两端的两个环境法院就是这

一类环境法院的很好范例。

> 独立判决的环境法院范例：
> （1）澳大利亚昆士兰州——规划和环境法院
> （2）美国佛蒙特州——佛蒙特高等法院环境审判庭

澳大利亚昆士兰州——规划和环境法院（www.courts.qld.gov.au/courts/planning-and-environment-court)

由于其行政结构的优势和采用了许多最佳实践，澳大利亚昆士兰州规划和环境法院被广泛认为是另一个非常成功的环境法院的典范。作为普通的州初审法院体系的一个特别法庭，规划和环境法院引人注目并受到很多好评——它与普通法院共享行政开支、预算、审判室、人员和设施。因此，它从低的行政开支、少量的管理时间和高效的工作中获益良多。规划和环境法院的法官分布在全州各个地方，可以在昆士兰州境内其他任何合适的地方开展审判工作。

昆士兰规划和环境法院的最佳实践包括：

• 专家型法官，他们的任命是根据他们的学识、专业知识及其对环境和土地利用规划法的兴趣。

• 书记员召开案件管理会议、主持专家会议，以及组织当事人进行免费的调解，这促成了很高比例的纠纷无须经过庭审而得到解决。

• 专家证人和证据的使用方式，减少了"专家之间的斗争"，这些方式包括要求专家：

——代表法庭而非当事人作证，否则可能会被指控蔑视法庭；

——与书记员一起参加替代性纠纷解决会议，讨论证据和将要提供的证词；

——在开庭审理之前双方当事人撰写一份书面联合声明，明确已达成的共识和尚存分歧的问题，并与法官和当事人分享；

——在庭审过程中接受法官对证据的限制和简化。

● 指导性审判，在此类审判中，法官积极地合理控制审判期限并向当事人提出一定的期望。

● 受影响的居民和公众有机会了解对其社区产生影响的案件的进展。

● 考虑到昆士兰州广阔的地域，尽可能地在问题发生的地域开展审判，包括"空中飞行的法官"。

以上只是对昆士兰州规划和环境法院最佳实践的不完全列举。上述实践也并非为昆士兰规划和环境法院所独有。但它们揭示了能够促进诉诸司法、加强法治和使得环境法院更加有效的主要特征。

美国佛蒙特州——佛蒙特高等法院环境审判庭 （http：//www.vermontjudiciary.org/GTC/Environmental/default.aspx）

美国佛蒙特州高等法院环境审判庭是一个在全州范围内享有管辖权的初审法院，它属于州普通初审法院系统的一个部分。它是全美最早建立也是唯一的州级法院的环境审判庭，通常保留它的旧称"佛蒙特环境法院"。（夏威夷州现有的新体制虽然不设单独或独立的环境法院，但却有一份列有 22 位普通法院法官的名单，这些法官被要求每个月花一到两天的时间处理环境案件。）在佛蒙特环境审判庭，对几乎所有的案件都要进行事实和法律上的审查（包括证据审查在内）。

佛蒙特环境审判庭的最佳实践包括：

● 按照环境法官托马斯·S. 德金 （Thomas S. Durkin） 的说法，佛蒙特环境审判庭对大部分与环境法和土地利用法相关的案件与执行上诉案件享有统一的管辖权，即"一站式"环境诉讼，这为当事人和律师提供了明确的诉讼途径，并且方便快捷。

- 拥有两位经过高级法律训练的环境法官，他们在环境科学和技术问题上也有丰富的经验，他们只审理环境案件。

- 专为环境法庭量身定制的灵活的程序规则。

- 案件按间隔分配式分给法官（即第一个案子分给法官 A，第二个案子分给法官 B，以此类推——译注），避免当事人利用案件分配的漏洞选择有利于自己的法官。

- 从地理角度上看，实现了为全区域提供诉诸司法的机会，因为两位法官处理全州的环境案件，并且就近开展审理。

- 法庭书记员同时也是案件的管理人员，就程序、文件和执行期限等事宜为当事人和法律顾问提供建议。

- 替代性纠纷解决机制尽管不是强制性要求，但法庭会对案件是否适合应用庭外纠纷解决机制进行评估，向当事人各方提供符合资质的私人调解员的名单。调解费用由当事人各方自行负担（从费用上看，尽管它更能促使当事人各方更快地达成合理的协议，节省诉讼费用和法院的时间，但这一实践还是不如法院参与的并且免费的替代性纠纷解决机制好）。

- 有一个非专业的调解顾问委员会审核列在法庭名单上的调解员的资质。

- 法官可以将调解协议或其他解决方案纳入法院的执行令。

三 法学背景和科学背景的法官结合——跨学科的审判决策机制

一些环境法院或环境法庭同时拥有法学背景出身的法官和科学技术背景出身的法官，他们在案件进行审理判决过程中享有同等的投票权。这种现象在前述两种环境法院模式中都存在。把这种模式单列出来，是为了突出它们独特的"联合"审判方式——法学背景出身和科学技术背景出身的法官同时作为决策者共同审理案件，使两者的分析和审判结果结合起来。以下两个范例仅仅只是适用了这种联合审判模式的环境法院的代表。

大部分受访专家认为，这种联合审判的方式可以增强审判的专业性、公正性和平衡性，因而能直接对可持续发展和环境保护作出贡献。环境审判越来越多地基于对高度复杂的科学技术问题的预测，预测它们对错综复杂的社会、经济和环境等因素将产生什么样的不确定的未来影响。法学背景出身的法官往往没有受过科技培训无法对专家证言进行分析，而这个"联合审判"的模式正好具有使审判更合理、巧妙和综合的潜质。

以下列举的两个范例：一个是最早运用这种模式的瑞典土地和环境法院，另一个是这种模式的最新实践者——智利环境法院，它们都提供了很好的范例。

法学背景和科学背景的法官结合——跨学科的审判决策机制的范例：
（1）瑞典土地和环境法院
（2）智利环境法院

瑞典土地和环境法院（www. domstol. se/funktioner/english/the-swedish-courts/district-court/land-and-environment-courts/）

瑞典土地和环境法院是一个在第三章第二节第二部分中介绍过的独立判决模式法院，同时也是一个运用跨学科的审判方式的环境法院。瑞典根据 1998 年《环境法典》建立了该土地和环境法院，是当时最早正式承认环境案件复杂而涉及多学科的法院之一。这类案件既包括法律问题，又包括跨学科的科学技术问题。因此，懂法律和懂科学的决策者需要共同审理它们。在瑞典有 5 个区域环境法院和一个上诉环境法院，它们是普通法院体系的组成部分。区域环境法院可同时作为：（1）初审（一审）法院，审理个人、团体、组织或政府提起的关于危险活动许可、水资源开发和环境损害诉讼的案件；（2）上诉法院，审理针对地方和区域机构作出的环境许可、废物处置和清理指令提出的上诉。环境上诉法院则审理就区域环境法院的判决提出上诉的案件。它们对区域法院上述的第（1）类案件（作为初审法院）所作出的判决可以被上诉到最高法院，而对上述第（2）类案件（作为二审法院）所做出的判决，大部分情形下是终审判决。

　　瑞典《环境法典》规定，每一个区域环境法院都必须有一个由一位法学背景的'法官'，一位环境'技术专家'（接受过科学或技术教育）以及另外两位非职业专家组成的审判小组。其中，法官和技术专家是法院的全职工作人员，其他两位专家则根据具体案件的专业要求选拔。上述四位人员在审判过程中具有完全同等的地位。而环境上诉法院则由三位法学背景的法官和一位技术专家组成，这位技术专家在相关专业领域内接受过技术培训。但是，案件数量的不稳定也会使法学背景的法官被临时任命去处理普通法院其他法庭的普通案件，并且，没有环境专业背景的法官也可能被任命到环境法院。

　　由于科学技术专家与法学背景的法官在事实认定、分析和结果预测方面使用的方法往往不同，他们作为决策者参与决策过程使得"寻求一个正确的平衡点变得容易起来"①。法学背景的法

---

① 　Bjällås, U.(2010). Experiences of Sweden's Environmental Courts, in 3 *Journal of CourtInnovation* 177, 183, https：//www.nycourts.gov/court-innovation/Winter-2010/index.shtml.

官不仅不会压制非法学专业的法官，事实上，根据瑞典法学教授、环境法院和欧盟法院问题专家简·达波（Jan Darpö）教授对一项调查的反馈："法学背景出身的法官在一些案件上还可能会过于依赖技术专家，而技术专家有时甚至在纯法律问题上都表现得比较强势。"

2011 年，由于认识到土地利用决策对环境有直接影响，而环境决策通常也会影响到土地利用，以及就开发规划提起的诉讼往往牵涉不同的政府部门等，瑞典立法者把环境法院的管辖权扩大至包括土地利用，并将法院的名称由"环境法院"改为"土地和环境法院"。管辖权的扩大以及环境和土地问题的合并反映了环境案件性质及综合处理环境问题的需要。当事人和审判人员都能从中获益，因为，一种更公正、快捷和经济的路径已经成为可能，这不仅完善了当事人诉诸司法的途径，而且提高了系统的效率。

智利环境法院

2012 年，智利国会授权成立三个完全独立自主的环境法院（也是上述第三章第二节第一部分所述模式的一个范例），法院配备由跨专业法官组成的审判小组。这些法院在行政上独立，不直接作为现有司法系统的一部分，而是在行政、政策和财政方面接受最高法院的审核（属于上述第三章第二节第一部分中的模式范例）。智利立法规定，第一环境法院（Premier Tribunal Ambiental）设于北部城市安托法加斯塔，第二环境法院（Segundo Tribunal Ambiental）设于位于中部的首都圣地亚哥，第三环境法院（Tercer Tribunal Ambiental）位于南部城市瓦尔迪维亚。圣地亚哥的第二环境法院（http：//www.tribunalambiental.cl/2ta/environmental-court-of-santiago/）和瓦尔迪维亚的第三环境法院（www.tercertribunalambiental.cl）分别于 2013 年和 2014 年开始受理环境案件。但迄今为止，安托法加斯塔的第一环境法院尚未完成法官任命，该院的案件由第二环境法院审理。

　　根据法律的规定，每个环境法院配有三位法官——两位法学背景的法官和一位有科学学位的法官（包括工程学和经济学）。另有两位替补法官——其中一位有法学背景，另一位有科学学位。法律要求法官在环境法或行政法或环境科学领域有实践或学术经验。法官的选拔分为四个步骤，这是一个很漫长的程序。智利的公务员招聘部门向最高法院提出候选名单，最高法院从名单中提名并交由国家总统，总统再从中挑选提名人员并由议会通过。目前，第二环境法院的三个法官，一位法学背景出身，一位经济学背景出身，另一位暂时空缺。替补法官中有一位法学背景出身，另一位是工程师。第三环境法院的法官同样也是一位法学背景、一位经济学背景和一位空缺；替补法官中一位有法学背景，一位是海洋生物学家。环境法院所有的法官都有法律、经济、学术或政治背景，但迄今为止还没有一位有公益背景的法官。审判小组的三位法官在达成一致结论的基础上作出判决。

　　智利环境法院另一个有趣的现象就是它们不仅得到了环境法院和法庭支持者们的支持，还得到了商业团体的拥护。环境法院是这个国家对环境制度进行重新设计的关键组成部分。2010 年，智利的立法院设立了一个新的环境机构，这个机构拥有强势的权力，包括对环境违法行为进行数百万美金的罚款。而代表商业团体的保守立法派则坚持设立环境法院，以便为商业团体提供抗衡政府严厉执法的司法诉讼的途径和救济。智利环保部的副秘书长里卡多·伊拉瑞兹保（Ricardo Irarrazabal）在 2013 年这样描述这次"妥协"：

　　　　我们需要一种能制约公共行政权力的力量。在环境行政管理者和被管理者之间往往存在着不对称，前者更容易取胜。因此，我们需要司法的监督。[①]

　　① Bodzin, S.（2013）. Environmental Tribunals：Verdict Pending, in Business Chile Magazine（June 28），http：//www.amchamchile.cl/en/2013/06/tribunales-ambientales-veredicto-pendiente/.

四 普通法院指定法官审理环境案件

对普通法院来说，简单地通过指定或将已有的法庭或法官指定为"绿色法庭"或"绿色法官"而宣告成立环境法庭的方式似乎很诱人。这样可以省去漫长的授权辩论、计划和招聘等程序，节省时间和预算开支。很多国家选择了这条权宜之路，并取得了不同程度的成功。这样的范例很多。

普通法院指定法官审理环境案件的范例：

（1）菲律宾——环境法院

（2）美国夏威夷州——环境法院

菲律宾——环境法院（没有网站）

菲律宾环境法院由菲律宾最高法院于 2008 年设立。最高法院发布了一条指令，在全国范围内指定了数量惊人的——117 个区域和市级一审或二审的初审法院为专门审理环境违法行为的特别法院。根据指令：

- 法官本人是否对环境问题感兴趣或是否拥有相关的经验背景不影响其是否被任命，或能否获得降低其案件任务量的机会。

- 被指定的法院仍然继续它们的一般管辖范围，照常审理非环境的刑事、民事和其他案件。

- 环境案件只能由这些"绿色"法院审理，被起诉到其他法院的环境案件将被移送到"绿色"法院。

目前，根据最高法院的说法，所有这 117 个特别法院到 2016 年还在运行中，但其数据显示环境案件的数量开始呈现下降趋势。

这些环境法院没有自己的网站，它们甚至在菲律宾的司法网站上也未被提及（http：//www.judiciary.gov.ph/），不像其他专门法院那样，一般都会在本国的司法网站上被提及。菲律宾司法学院（http：//philja.judiciary.gov.ph）每年为法官们进行一次环境法培训。

2010 年，菲律宾最高法院制定了一部内容丰富并具有创新性的"环境案件程序规则"，这部"规则"迄今为止仍是世界上最完备的环境法庭实践规则之一。[①]"规则"包括一系列最佳实践（甚至在这些方面领先于其他环境法院）：

● 诉讼资格：这是世界上最开放、最具有包容性的关于诉讼资格的规定："任何利益相关方……可以就环境法的任何执行问题提起民事诉讼"，以及"所有菲律宾公民，均可代表他人，包括未成年人和未出生的下一代，提起诉讼，使环境法规定的权利和义务得以实现和履行"。

● 持续性命令：环境法院（或法院所选的代表或委员会）在作出判决之后还拥有"持续命令"的权力，对政府执行法院判决进行持续的监督，直至判决被"圆满执行"为止。

● "针对公众参与的策略性诉讼"（Strategic Lawsuits Against Public Participation），即"SLAPPs"。在这类诉讼中，（原告一般为大型企业或政府，它们）以威胁个体、非政府组织等环保者为目的。对于这一类诉讼，法庭在诉讼过程中实行简易的听审和撤诉程序。与此同时，（可以判决原告）对受害个体、非政府组织等的相关损失、律师费和其他费用支付赔偿金。[②]

● "卡里卡桑"（Kalikasan）令状：规则中最具有创新性的

<hr>

① http：//www.lawphil.net/courts/supreme/am/am_09-6-8-sc_2010.html. For the valuable "Rationale and Annotations to the Rules," type into a search engine like Google "09-6-8-SC +rationale" then find and click on the PHILJA website *philja.judiciary.gov.ph*.

② For more on the problem of "SLAPPs" see Pring, G.& Canan, P.(1996). SLAPPs：*Getting Sued for Speaking Out*, http：//www.amazon.com/Slapps-Getting-Sued-Speaking-Out/dp/1566393698/ref=sr_1_1?ie=UTF8&qid=1457914924&sr=8-1&keywords=slapps.

最佳实践可能就是"卡里卡桑"（自然）令状（投诉）（事实上是鼓励公益律师代表自然提起诉讼）。这是根据菲律宾宪法的"一个平衡和有益健康的生态"条款，针对公职人员、雇员、自然人或团体的违法或不作为行为而给予的一个法律救济措施。

　　• 预防原则：要求环境法院适用国际环境法上的预先防范原则，在确认人类活动和环境影响之间的因果关系的过程中，即使在缺乏充分的科学证据的情况下，也应当倾向于怀疑的一面，以保护"一个平衡和有益健康的生态环境"。这是有意将举证责任倒置，由想要改变环境现状的一方（被告方）而非原告一方承担举证责任。

　　这种"指定"的环境法院模式，可能不会走得很远，因而并不是最佳的实践。然而这些环境案件的程序规则却为诉诸司法和

环境法治奠定了基础，并成为一个典范。菲律宾的例子也说明，仅仅"指定"绿色法庭并通过超前的程序性规则是不够的。要取得并保持成功，更强有力的实施和可持续的领导力是必不可少的。

美国夏威夷州——环境法院（www.courts.state.hi.us/special_proj/environmental_court/html）

美国夏威夷州环境法院和菲律宾环境法院一样，也是被"指定"的，但它们没有综合管辖权、卓有远见的程序性规则、替代性纠纷解决机制以及司法培训。根据 2014 年法律的授权，夏威夷州最高法院于 2015 年 7 月 1 日指定了 22 位现任职于州普通司法系统的地区法庭（小型诉讼）和巡回法庭（大型诉讼）的法官为"环境法院的法官"。这意味着他们所在的法庭每个月将指定一天或几天作为特别环境审判日。但法律并没有要求被选拔的法官要有环境法背景、受过这方面的训练或具备相关经验，尽管这些法官中有些满足了上述要求，并且正在计划接受有关培训。然而，并没有迹象表明这些环境法院会让科学技术专家参与审理，会适用替代性纠纷解决机制或对案件的数量进行调整。尽管这些环境法院在民事和刑事方面都有管辖权，但它们没有更广泛的综合管辖权。这是因为在立法的过程中，由于土地开发利益集团的影响，立法者没能把土地利用法的管辖权纳入环境法院的管辖范围，从而使得一些"重要的环境纠纷"[①] 被排除在环境法院的管辖之外，而落入了一般法院和最高法院的管辖范围。一些环境批评家的看法也许失之公允，但他们认为夏威夷州对环境法院法官的任命仅仅做到了"程序上的改变"。[②]

夏威夷法院的网站宣称其是"美国第二个覆盖全州范围的环

① Hofschneider, A.(2015). Environmental Court: Hopes for Stricter Law Enforcement, Fearsof Improper Influence, in *Honolulu Civil Beat* (July 2), http://www.civilbeat.com/2015/07/hawaiis-environmental-court-debuts-hopes-for-consistency-fears-of-improper-influence/.

② Ibid.

境法院（继佛蒙特州之后）"。这其实有些言过其实。虽然要求法官每月贡献一定时间去审判环境案件是值得称赞的，但这仅仅是在最低程度上改善环境司法迈出的第一步。这种模式远远不能与菲律宾"指定环境法院"的完整性相提并论，更不能与佛蒙特环境法院的成熟程度相比。

然而，作为第一步，这个模式也许对于那些建立环境法庭有实质性困难的国家来说，可以考虑采纳。还有其他一些国家也采用了这个模式，包括马来西亚（有95个低级别的法院被指定为环境法院，审理刑事案件）、巴基斯坦（有250个初审法院和高等法院被指定为"绿色审判庭"）以及泰国（在各级刑事法院和行政法院中都设有环境庭——共21个）。

五　普通法院的法官接受环境法培训

这个类型并不是真正意义上的环境法院。之所以在这里列举这种模式，是因为目前至少有一个国家——印度尼西亚——选择了不设环境法院，而是将对部分法官进行环境法培训作为第一步。1999年以来，印度尼西亚最高法院为普通初审法院和上诉法院法官进行环境法培训（一般为一周的课程），这项培训在2013年被升格为"资格认证"。但是，法规中没有要求环境案件都必须由获得资格认证的法官审理，这样可能会导致相关培训成本的浪费。

印度尼西亚最高法院大法官、同时任最高法院司法认证工作小组成员的达迪尔·拉马迪（Takdir Rahmadi）承认说，印度尼西亚采取这种培训模式的原因在于它避免了"由立法机构和总统主导的政治程序"①。印度尼西亚为此制定了环境培训课程、法官审理环境案件指南、选拔司法培训人员的方法、课程的日程和评价的方法。按照司法机构对这一法官培训模式的评估，也许随着时间的

① Rahmadi, T.(2014). The Indonesian Judicial Certification Program on the Environment, http://www.asianjudges.org/wp-content/uploads/2014/04/Environmental-Law-Certification-for-Indonesian-Judges.pdf, PowerPoint slide 3.

推移，这种模式可能终将导致走向一个完整的环境法院体系。

阿根廷最高法院也朝着环境法院的方向迈出了第一步，它于2014年在最高法院内部设立了一个"环境办公室"①。这个环境办公室并不审理案件，因而不能被看作环境法院。但它的工作范围也涉及组织司法培训、案例研究、加强国际合作和司法体系的可持续实践发展。2015年，法院设立了"环境案件秘书处"作为研究全国环境案件的专门机构，这也是朝着环境法院方向又迈进了一步。②

第三节　环境法庭

根据审判的独立性，本书将环境法庭分为三种类型。

环境法庭的模式

1.独立运行的环境法庭（完全独立或很大程度上独立的环境法庭）

2.独立裁判的环境法庭（在一个行政机构的监督之下，但该行政机构的决策不能作为环境法庭的审核对象）

3.附属的环境法庭（附属于一个行政机构并在其控制下，该机构的决策也可以作为环境法庭的审核对象）

一　独立运行的环境法庭

下述两种不同的环境法庭说明了独立运行的环境法庭模式的

---

① Argentina's Supreme Court creates environmental office, *EcoAméricas* (July 2014) at 11, http://www.ecoamericas.com/en/story.aspx?id=1511 (subscription required).

② Ministry of Justice and Human Rights of Argentina, Disponen la creación de la Secretaría de Juicios Ambientales de la Corte Suprema de Justicia de la Nación, http://www.infojus.gob.ar/disponen-creacion-secretaria-juicios-ambientales-corte-suprema-justicia-nacion-nv10938-2015-04-08/123456789-0abc-839-01ti-lpssedadevon.

多样化，也就是说，环境法庭能够大体上控制自身的运行、规则和其所做的裁决（这一点是最重要的方面）。

独立运行的环境法庭的范例
（1）肯尼亚——国家环境仲裁庭
（2）日本——环境纠纷协调委员会

肯尼亚——国家环境仲裁庭（http：//net.or.ke）

肯尼亚国家环境仲裁庭的管辖范围十分有限，但其管辖范围内的案件对环境有着较大的潜在影响。国家环境仲裁庭的主要功能是对国家环境行政机关就重大开发项目（例如道路、工业、房屋设施、有害废弃物、旅游设施和海洋活动）环境影响评价许可的发放、拒绝发放以及撤销等决定提出的申诉进行裁决。开发商可以对行政机关做出的于己不利的环境影响评价决定进行申诉，个人、非政府组织和其他主体也可以对行政许可行为进行申诉。国家环境仲裁庭还有权就森林问题的行政决定提起的申诉进行裁决。在政府要求的前提下，也可以提出建议，但这种情况极少发生。

国家环境仲裁庭同环境行政机关一样，隶属于环境部。虽然环境部控制着国家环境仲裁庭的财政和人员，但国家环境仲裁庭在其判决和运行规则上与环境部和环境行政机关保持独立。目前也有人建议将其并入司法系统，以增强其独立性。毕竟环境行政机关也经常作为仲裁庭裁决案件的当事人一方。

国家环境仲裁庭自 2004 年成立以来共裁决了 140 项申诉。它的作用更像一个法庭，因为它在维持、推翻或更改环境行政机构的决定方面拥有较广泛的权力。它甚至可以在否决行政机关决定的同时，亲自发放环境影响评价许可，或发布一项开发禁令以阻止开发项目的进行。它不受法院证据规则的约束，而有权制定自己的程序规则，特别是对那些进行自我代理的当事人而言，这些规则往往"简单明了……以保证程序的非正式和人性化"。国家环境仲裁庭的费用也低于法院，"使公众有更多的诉诸司法的机会"。它还可以任命专家为其提出建议。

国家环境仲裁庭由五位成员组成：主席由国家司法服务委员会提名（要求具有高等法院法官的资格），一位由肯尼亚法律协会提名，是一位有资格在肯尼亚高等法院出庭的律师；另一位则是由部长任命的具有环境资质的律师，其他两位是由部长任命的在环境管理方面有"资深学术能力"的人员。

对国家环境仲裁庭作出的裁决所提出的上诉，过去由高等法院审理，现在则由新的环境和土地法院审理。国家环境仲裁庭的管辖权被 2011 年通过的《环境和土地法院运行法》赋予了环境和土地法院。如此一来，国家环境仲裁庭是否应当继续存在或者将其案件移交给环境和土地法院就成为悬而未决的疑问。尽管如此，国家环境仲裁庭目前还正在制定一个五年的战略规划。

日本——环境纠纷协调委员会（EDCC） （www.soumu.go.jp/kouchoi/english/index.html)

日本环境纠纷协调委员会又被称为"Kouchoi"（公害纠纷协调委员会），它是一个相对独立的环境法庭模式，与其他独立的环境法庭有很大的区别。其原因在于，它不同于"对抗性程序"，着重强调"纠纷的解决制度"，以其成员主导的调查和替代性纠纷解决机制为主。然而，近来的研究显示，环境纠纷协调委员会有可能渐渐走向审判的模式。

环境纠纷协调委员会是一个独立于总理办公室的外部机构。在地方或都、道、府一级，也有类似的机构，被称为都、道、府污染审查委员会（pollution examination commission）。在日本的 47 个都、道、府中，37 个设有上述机构。在其他 10 个都、道、府中，也设有开展替代性纠纷解决工作的污染核查委员会。此外，在地方政府/市一级政府也设有环境申诉咨询服务处（consultation services for environmental complains）。一份报告显示，这些咨询服务机构每年聘用超过 11000 名工作人员，处理大约 100000 份申诉。

　　环境纠纷调解委员会以及都、道、府和地方一级的机构无权审核或推翻政府行政机构作出的决定。传统意义上，它们的主要作用是对工业污染和开发导致的损害对个人进行赔偿（政府支付了大部分赔偿金，而非由违法者支付）。环境纠纷协调委员会不适用国际环境法的原则。对于那些提起控告的人而言，这类申诉的最大好处就是无须支付相关费用，整个调查过程中产生的费用均由环境纠纷协调委员会承担。虽然它的管辖范围受限，但却被认为是公平、快捷而经济的。韩国也有类似的环境纠纷调解委员会体系，但目前正面临着审查，未来可能会有变动。

二　决策独立的环境法庭

　　有些环境法庭不是独立的，而是附属于另一个政府机构。后者对其运行进行监督，但不控制其作出裁决。该政府机构的决策也不作为环境法庭的审查对象。因而，环境法庭作出裁决是完全独立的。这个模式是一个有吸引力的和可考虑的模式。然而，这种模式的环境法庭又有两种不同的形式：（1）环境法庭附属于一个机构，而该机构本身并不是法庭（等司法机构），例如隶属于司法部；（2）环境法庭作为"超级法庭"的一个组成部分，这个超级法庭又汇集或包括一个或多个小型的专门审判庭，处理不同问题。这里列举三个范例来说明这个模式的多种形式。

决策独立的环境法庭的范例

（1）印度——国家绿色法庭

（2）加拿大安大略省——环境审查庭

（3）纽约市——环境控制委员会

印度——国家绿色法庭 （National Green Tribunal） （www.greentri-
bunal.gov.in）

印度国家绿色法庭成立于 2010 年，它汇集了很多最佳实践。
它独立于环保部，由司法部进行监管，这给予了它真正的独立
性，完全独立于其行政行为审查对象的行政机构。

国家绿色法庭具有民事法庭的权力和特征，包括传唤、主导
庭前证据开示、接收证据、申请政府公开信息、对蔑视法庭进行
惩戒以及作出关于费用承担的指令、临时令或禁止令——因而它
是环境法院和环境法庭的混合模式。它的管辖范围涉及的法律仅
限于七项。同时，作为一个典型的环境法庭，它没有刑事管辖权。
它有权自己制定程序规则（尽管中央政府制定的规则会高于这些
规定）。它不受普通法院民事诉讼程序法典或证据规则的限制，但
它适用"自然公正"原则（natural justice）（衡平法）以及国际环
境法的原则，包括可持续发展、预先防范和污染者负担等原则。

国家绿色法庭作出的判决被直接上诉至印度最高法院，而不
是上诉法院（intervening appeals court）。这说明国家绿色法庭拥
有很高的权力和地位。为了保证审判人员在法律和科学技术上的
专业性，国家绿色法庭的授权立法在选拔审判人员方面确立了很
高的标准，包括主席（要求担任过最高法院的大法官或高等法院
的首席大法官），其他的"法律成员"（要求担任过高等法院法
官）和"专家成员"（要获得科学—工程的高等学位，并拥有 15
年以上经验，以及 5 年环境专业方面的经验）。

国家绿色法庭已经成为印度"一些最重大的环境纠纷的仲裁
者"[1]，包括恒河污染、新德里大气污染、废物收集、采矿、有毒

---

[1]　Lakshmi, R.(2015). India's aggressive green court takes lead role in high-stakes battles, in
Washington Post （Sept. 16）, http://www. washingtonpost. com/world/asia _ pacific/indiasaggressive-
green-court-takes-lead-role-in-high-stakes-battles/2015/09/15/5144ed98 - 5700 - 11e5 - 9f54 - 1ea23f6e02f3_
story.html.

物品倾倒和大坝工程等。国家绿色法庭的授权立法（本身就是一个需要详细介绍的范例，见附件 G）特别授予绿色法庭适用自然法则和国际环境法及其原则的权力，因此，它作出的很多裁判都是卓有远见和具有创新性的。印度环境律师的领军人物瑞特维克·杜特（Ritwick Dutta）先生认为："绿色法庭现已是印度环境保护运动的中心……它成为人们寻求救助的首选，也是他们最后的保证途径，因为地方政府往往不采取任何保护环境的行动。"①

国家绿色法庭不仅审理针对政府和工业企业的一些重要的案子，它还主动处理一些自己觉得有必要的案件，它能快速地审理大量的案件。授权成立国家绿色法庭的法案及其法规是环境法院和法庭立法的典范，国家绿色法庭被公认为是一个非常活跃和有效的环境法庭模式。

加拿大安大略省——环境审查庭（http：//elto.gov.on.ca）

加拿大安大略省的环境审查庭也是一个令人印象深刻的独立环境法庭，它是安大略省环境和土地法庭下 5 个"集群式"伞形法庭的其中一个。安大略省环境和土地法庭对涉及 100 多项法律的事项享有管辖权（根据相关主题，另外 4 个法庭分别处理产权税/评估、土地征用、文化遗产产权和土地利用规划案件）。安大略省环境和土地法庭及其附属的法庭均隶属于司法部，对于那些其决定可能会成为环境和土地法庭审查对象的机构和部委而言，它们是独立的。安大略省环境和土地法庭的主要任务的重点是：

- 现代化、公平化、人人能诉诸司法、高效和及时地为公众提供纠纷解决的服务；
- 程序与结果保持一致性；
- 融合法律的不断发展进步；

---

① Lakshmi，R.(2015). India's aggressive green court takes lead role in high-stakes battles，in *Washington Post*（Sept.16），http：//www.washingtonpost.com/world/asia_ pacific/indiasaggressive-green-court-takes-lead-role-in-high-stakes-battles/2015/09/15/5144ed98－5700－11e5－9f54－1ea23f6e02f3_ story.html.

- 结果符合公共利益。

相应的，环境审查庭也有很多最佳实践的范例，包括审判人员接受高级培训。审查庭内部还设有两个分庭，尼亚加拉聆讯办公室（Niagara Escarpment Hearing Office）和综合聆讯办公室（Office of Consolidated Hearings）。环境审查庭还拥有：

- 一个全面和使用方便的网站，上面有指南和通俗易懂的解释；
- 电子化的文档；
- 公众参与的机会；
- 在网上向公众公布判决；
- 尽量在靠近案件发生地进行庭审；
- 调解；
- 快速裁决（从立案到结案 60 天）；
- 定期对实践规则和指南进行更新，并在网上公布。

　　诉诸司法要求"环境法院和法庭提供促进土著人参与的平台和结合传统知识的适当机制……并根据人权法典，为公民提供可获得相关立法、法语法律服务等方面的帮助，并提供一个受人欢迎的并能促进公众全面参与的开放平台"。

　　（安大略省环境和土地法庭副主席杰瑞·V. 德马科 Jerry V. DeMarco）

　　此外，根据环境审查庭副主席杰瑞·V. 德马科（Jerry V. De-Marco）对本研究的反馈，环境审查庭还在宪法权利、公益价值和对国际环境法原则适用的基础上做出了一系列开创性的裁决和制定了相关法则。例如，在 2014 年梅尔罗斯采石场反对者协会诉安大略省政府（Citizens Against Melrose Quarry v.Ontario）案中，环境审查庭在作出驳回政府一方的主张的决定时作出了如下说明：

　　有充足的理由相信，一个相信生态系统原则、积累效应、可持续发展，包括水资源保护、预先防范原则和适应性管理的人，绝不会作出批准（许可证）的决定。①

安大略省土地和环境法庭还可以作为反映最新发展趋势的一个"成功典范"，即在一个"超级法庭"伞形框架下的集中型行政法庭。人们发现这样做可以在人员和预算方面取得实质性效率，并能促进法庭的协调、司法分配的灵活性和裁决的一致性。安大略省土地和环境法庭并不对其成员法庭的裁决进行控制，它的裁决者可以在其中一些法庭轮流坐班。其他类似把包括环境法庭在内的法庭合并在一起的例子还有英格兰、比利时和澳大利亚西澳大利亚州、维多利亚州。澳大利亚的塔斯马尼亚州正在研究如何走环境法庭与其他法庭合并的道路。②

加拿大安大略省环境审查庭庭审现场。

---

　　① *Citizens Against Melrose Quarry v.Director*，Ministry of the Environment，Case No.14-053（decision Oct.27，2014）at 40，http：//www.cela.ca/publications/camq-environmental-reviewtribunal-leave-appeal.

　　② Department of Justice of Tasmania（2015）．A Single Tribunal for Tasmania—Discussion Paper（Sept.），http：//www.justice.tas.gov.au/about/reports_and_inquiries/current/a_single_tribunal_for_tasmania.

纽约市——环境控制委员会（Environmental Control Board）（www. nyc.gov/ecb）

纽约市环境控制委员会是纽约市政府行政审判和聆讯办公室（Office of Administrative Trials and Hearings，OATH）（http：//www.nyc.gov/html/oath/html/home/home.shtml）的一个分支。该行政审判和聆讯办公室是市长办公室下的一个独立市级行政机构，它实际上可以对全市所有的行政机构进行审查。行政审判和聆讯办公室由 1988 年纽约城市宪章（相当于城市宪法）设立。修改宪章是一项艰巨的任务，而缺少这个过程，行政审判和聆讯办公室就不能通过政治行动予以解散。它由包含环境控制委员会以及其他三个小型的法庭（针对一些审判事项，如健康和税收）所组成。这四个法庭每年共同处理超过 30 万个聆讯，其中大部分都由环境控制委员会处理。与纽约市的行政法官和聆讯员不同，行政审判和聆讯办公室的裁判员遵循州的司法行为规则标准。

环境控制委员会最初是由纽约市的环保部门主管，后来出于实现职业化以及摆脱政治压力的考虑，在 2008 年被交由行政审判和聆讯办公室主管。该办公室为其主管的四个庭提供多种便利，包括财政、行政管理和人员。还有一个行政司法培训中心和一个创新性的纠纷解决中心，办公室不对它们的裁判进行任何控制。

环境控制委员会对大约 12 个不同市政机构（例如环境保护、卫生、建筑、地标保护、警察和火警）对违反市环境保护、健康或公共安全法律等行为作出的传票和罚款处罚提出的上诉进行听审。与其他环境法庭一样，它有权维持罚款处罚，但无权判决例如监禁等刑事处罚。

环境控制委员会是在本研究中唯一一个被具体分析的地方一级的环境法院和法庭。它被纳入到讨论中是因为它处理的案件量十分惊人（是世界上受理案件量最大的环境法院和法庭）。2015年一个财政年度中，它受理的违法案件达 623758 件（每年有几十万件聆讯）。① 环境控制委员会有一个庞大的工作人员队伍，在纽约市不同地方都设有聆讯官，这使得居民很容易诉诸救济。它还通过信件、电话和网络接收申诉。它的聆讯官提供调解和各类翻译服务。这些对任何环境法院和法庭来说都被认为是最佳实践经验。

三　附属环境法庭

附属环境法庭是指在行政、财政和政策方面受一个行政机构控制的环境法庭，而这个机构做出的行政决定可以由这个附属于它的环境法庭审查。因此，这类环境法庭不能在政策、判决和政治日程上独立于它们所附属的主管机构。尽管"附属"这个词有一些负面的含义，但本节挑选的例子却不是负面的。本节所挑选的是一个极其独立、专业性高和极受尊重的环境法庭，它表明了即使是这种模式的环境法庭也能够有效地运行和取得公众的信任。

美国联邦环境上诉委员会（Environmental Appeals Board）附属于美国联邦环保局（http：//yosemite.epa.gov/oa/EAB_Web_Docket.nsf），它受理对美国环保局根据诸多环保法律在权限范围内作出的行政决定的上诉（二审）。环境上诉委员会于 1992 年成立，受理的案件通常是联邦环保局行政法官办公室（Office of Administrative Law Judges）（一个因其专业能力而受到高度重视的独立机构）一审过的案件，或针对美国联邦环保局区域办公室（州际单位）作出的许可决定的案件。环境上诉委员会的决定对联邦环保局而言是终审决定，但根据不同的立法可以被上诉至联邦法院。环境上诉委员会有四位经验丰富的环境上诉法官，他们直接向联邦环保局的局长办公室汇报，另外还有八位经验丰富的出庭

---

① http：//www.nyc.gov/html/oath/html/ecb/ecb-tribunal-data.shtml.

律师作为委员会的顾问。

环境上诉委员会的凯西·A. 斯坦（Kathie A. Stein）法官、玛丽·贝丝·沃德（Mary Beth Ward）法官和玛丽·凯·林奇（Mary Kay Lynch）法官（在作者开展调研时四位法官的职位有一位空缺）在被问及环境上诉委员会的成功要素时，她们的共同回复如下：

- 懂得环境法和环境科学的专业法官；
- 由美国人力管理独立办公室高级行政人员服务处精心筛选出的终身职业法官；
- 法官不受任期限制（没有任意独断的"任期"规定）；
- 禁止单方面接触和避免利益冲突；
- 在便于用户使用的网站上清晰地公布书面规则和程序；
- 所有的案件文书和判决都在网上公布；
- 行政机构决策的最终决定权（除非一方为另一个政府机构）；
- 依请求提供调解；
- 走进社区；
- 培训以及与其他环境法院和法庭、国内外利益相关方的合作交流；
- 在诉诸司法、环境民主和最佳实践等方面向其他国家政府机构咨询。

尽管技术上而言，环境上诉委员会属于"附属"环境法庭，但它并不缺乏独立性、专业性和客观性，也不乏最佳实践（这些问题在其他"附属型"环境法庭中依然存在）。因此，美国环境上诉委员会是一个正面的并有建设性的环境法庭的模式。

第四节　监察机构、检察机关和人权委员会

至少还有另外三种并非严格意义上的环境法院和法庭类型的

机构，在解决环境纠纷方面能够作出重要贡献。它们是环境监察机构、检察机关和人权委员会。

一　监察机构

作者调研时在一些国家发现了一些专门的环境监察办公室，其中包括奥地利、新西兰、匈牙利、肯尼亚和希腊。此外，在一些国家的国家监察办公室也设有环境监察分支。监察机构主要是接收公众对政府（有时也对私人主体）的投诉，然后调查、调解并向上级政府部门汇报结论和建议。它们做出的结论往往没有法律约束力或执行力，但其中一些可以被提起诉讼或参与到诉讼中。普通的监察官办公室在欧盟国家和世界上其他地方都比较普遍，但专门的环境监察官办公室却很少见。监察官通常是政府行政管理方面的专家，但却不是环境问题方面的专家。缺乏专业性可能会导致不专业的结论，它们一般仅基于表面现象进行抽样和调查。

匈牙利在 2007—2011 年拥有世界上最为综合和最强有力的环境监察机构——"议会委员会未来世代办公室"（Office of the Parliamentary Commissioner for Future Generations）（http：//jno. hu/en），它对公众，包括下一代享有健康环境的权利享有监督权。它是独一无二的，因为它可以（像环境法院和法庭那样）在环境问题方面作出具有法律约束力和执行力的决议。然而，它的强大也导致了它最终的消亡。仅仅运行了四年之后，立法机关就撤销了该办公室，将其合并到一个新设立的匈牙利基本权利委员会，此办公室处理其他许多权利等事宜。议会委员会未来世代办公室的监察员被降级为副委员，仅享有作出没有法律约束力的决议的权力（http：//www.ajbh.hu/en/web/aibh-en/），这位监察员在一个出版物中公开承认：

> 匈牙利的监察员无权作出有法律约束力和执行力的决议……而我们不应该掩盖的事实是，大多数环境专家都希望

看到一个更积极、成就更显著的未来世代监察机构。这是一个绝对的事实，由于我们的方法手段，很多时候我们无法对新出现的环境问题作出及时的回应……①

奥地利在其 9 个州都有环境监察办公室，它们的职责是作为保护大自然利益的代言人及实施环境法律法规（例如，www.tiroler-umweltanwaltschaft.gv.at/en/advocacy/party-status）。它们享有所有的一般意义上监察机构的职权并被授权可以在奥地利法院提起诉讼。它们没有像环境法院和法庭那样能作出有执行力判决的权力。

新西兰也有一个独立的、非常活跃的环境监察机构——议会环境委员会（Parliamentary Commissioner for the Environment）（http：//www.pce.parliament.nz）。这个机构有权就政府在环境保护方面所作的努力和环境问题进行调查，强制获取无论公开或未公开的信息、召唤证人，以及向议会汇报和提出建议，提出修改法律的建议。和其他监察机关一样（匈牙利监察机关除外），议会环境委员会可以作出决议，提出建议，但决议或建议都不具有执行力。

肯尼亚的环境公众投诉委员会（Public Complaints Committee on Environment）（http：//pccenvironment.or.ke/）是一个全国范围内的环境监察机构。它的崇高职责是为公众提供诉诸环境司法的机会，提供一个环境纠纷解决的平台和为环境政策制定作贡献。进而，它的目标愿景是成为非洲环境监察的领袖。但是，由于缺乏相关资源，该委员会目前无法对所接收的所有投诉进行调查，更不用说解决它们了。

环境监察办公室的吸引力在于它们在财政上由政府埋单，因

---

① Szabó, M.(2013). The Way Forward: Protecting Future Generations through the Institution of Green Ombudsman, in *Future Justice* (Apr.24), http：//www.futurejustice.org/blog/guestcontribution/an-example-guest-post/.

而可以免费为个人或团体代理。它具有实质上的独立性，享有监督权，并可以为环境纠纷在庭内或庭外提供解决机制。一个强有力的、财政上得到很好支持的环境监察机构可以在环境保护方面做出实质性的改变，但它不能替代环境法院和法庭。仅仅是环境监察机构本身，满足不了《奥胡斯公约》提出的诉诸司法的要求。

二　检察机关

环境法的守法和执法对法治、善治和可持续发展至关重要。在一些国家，专门环境检察机关在实现这个目标的过程中发挥了关键作用。享有盛名的国际环境守法与执法网（international network for environmental compliance and enforcement）（http：//inece.org）囊括了来自世界各地的检察官，以及环境法院和法庭、普通法院和行政机构，并致力于通过合作改进环境法的执法能力。

有一些国家任命专门的环境检察官执行环境法和处理环境案件。例如，拉丁美洲的大部分国家都有专门环境检察办公室。[①] 并且，拉丁美洲和欧洲都建立了环境检察官"网络"，以交换信息和经验、进行能力建设、开展培训项目和计划合作活动（www.mpambiental.org；www.environmentalprosecutors.eu）。

巴西的环境检察机关最有示范意义，它代表人民和环境对刑事及民事控告展开调查和提起诉讼。[②] 巴西的环境检察机关有民事和刑事管辖权，配有专门的经验丰富的律师和专家。它们可以独立地对案件发起调查，并有很大的执行权力。巴西的环境检察官有权与被诉的违法者就"调整协议"（adjustment agreement）进行协商。调整协议类似于调解协议，只是调整协议会（迫于）

---

① Cappelli, S. (2014). The Main Challenges to Prosecution of Environmental Offenses, http：//www.unep.org/unea1/docs/erl/challenges-to-prosecution-cappelli.pdf.

② McAllister, L. (2008). *Making Law Matter：Environmental Protection & Legal Institutions in Brazil.*

媒体曝光或法院诉讼程序的压力而得以签订和遵守。在这些案件中，检察机关的作用与环境法院和法庭非常相似，因为它决定了一个环境案件的最终结果。但这一类实践必须慎重——由于它不是在公众的视野中和司法监督下完成的，即它有可能导致权力滥用，达成次优协议或者掩盖事实真相，而仅仅增加数据上的"成功"。

美国在联邦和州层面也都设有环境检察机关。例如，美国司法部有一个环境犯罪处，有 43 名全职环境检察官，对公私主体违反国家保护环境法律的案件提起刑事诉讼（https：//www. justice. gov/enrd/environmental-crimes-section）。在 1998—2014 年的 16 年间，这些检察官对 1083 名自然人和 404 家公司提起了刑事诉讼，判决的监禁和拘留合计长达 903 年，刑事罚款和环境修复罚金合计高达 825000000 美元。他们处理的案件为自然资源损害赔偿和生态修复金确立了现代标准。与巴西的情形一样，他们能就其提起的诉讼进行协商解决，因此，拥有一定的与环境法院和法庭类似的决定权。

三　人权委员会

人权和环境权之间有着密切和交叉的关系。[1] 人权委员会可能是一个国际的、国家的或地方政府的机构，它的设立是为了负责调查、听证和保护人权。一些人权委员会的工作涉及环境权，特别是在一个国家的宪法中规定了公民享有健康环境权或生存权的情况下。尽管人权委员可以像法院那样运行，举行听证会和取证，但它们中的大多数只有建议权，并且不专门处理环境事宜。因此它们不是环境法院和法庭，也不能取代环境法院和法庭。但是，人权委员会可以朝着解决环境问题的方向迈进，因而在没有

---

[1]　Pring, G.& Pring, C.(2009). Specialized Environmental Courts and Tribunals at the Confluence of Human Rights and the Environment, in 11 *Oregon Review of International Law* 301, http：//www.law. du.edu/ect-study.

环境法院和法庭，或环境执法机构和法院力量弱小或不作为的情况下，人权委员会可以发挥颇有价值的作用。

墨西哥的国家人权委员会（Comisión National de los Derecho Humanos）（http：//www.cndh.org.mx/#translate-en）提供了一个很好的范例，它有权受理和调查关于侵犯人权的投诉，并将调查结果和建议提供给政府。墨西哥《宪法》在 2012 年增加了享有健康环境权的规定，因而赋予了国家人权委员会接受和审理环境投诉的权力，从而为加强公众参与、强调环境问题的重要性和获得环境正义提供了一个非司法机制。印度的国家人权委员会（National Human Rights Commission）（http：//nhrc.nic.in/）在国家绿色法庭设立之前就成立了，在调查和揭露对人类健康和环境有不良影响的开发活动方面取得了一些成就。自国家绿色法庭成立后，国家人权委员会的工作重心开始转向其他领域。

澳大利亚昆士兰州规划和环境法院调解现场。

第四章　环境法院和法庭的最佳实践：
加强环境司法正义

　　本指南选出了一系列能使环境法院和法庭成功的最佳实践范例。"成功"是指那些能更好地保证诉诸司法、完善环境法理、强化法治、使诉讼程序更快捷和程序费用更低廉的实践。因此，决定"最佳实践"的因素要从总体上进行综合分析，并非简单地看待"公正、快速和经济"的决策过程。①

　　这个最佳实践的汇编是在丹佛大学环境法院和法庭研究课题提出的"建立环境审判机构的 12 项关键要素"的基础上，②并结合来自世界各国环境法院和法庭的专家对 2015 年 12 月至 2016 年 1 月期间的访问调查所反馈的信息汇集而成（联系信息名单请见附件 E）。注释部分对一些专家特别推荐的最佳实践进行了说明，但事实上还有更多的其他专家也支持这些实践。有趣的是，专家之间在最佳实践方面的意见并无大的分歧（尽管最佳实践在不同专家眼里的排序有所不同）。根据不同的阶段，最佳实践可以分为两个范畴——设计阶段和运行阶段。设计阶段的最佳实践应当在环境法院和法庭的规划和创建阶段考虑；运行阶段的最佳实践则应在环境法院和法庭开始运行时进行评估。

　　无论采用何种模式的环境法院和环境法庭，最佳实践都是相同的。更进一步地说，环境法院和法庭的最佳实践也可以是普通

---

　　①　For an in-depth look at "best practices" see Preston, B. (2014). Characteristics of successful environmental courts and tribunals, in 26 *Journal of Environmental Law* 365, http：//www.lec.justice.nsw. gov.au/Pages/publications/speeches_papers.aspx.

　　②　For more detail see *Greening Justice* 19-87.

法院和法庭的最佳实践，但是这些实践的应用却往往受到严格的法律、法规、政策和传统的限制。作为刚刚起步的新生事物，环境法院和环境法庭可以在路径、方法、问题解决、预测分析、创新性救济和执行方面不同于传统的法院。最成功的环境法院和法庭绝不是换了个新名字的普通法院或穿着绿色法官袍的法官！

第一节 设计阶段——最佳实践

所有受访的环境法院和法庭专家几乎一致认为，在最初授权成立环境法院和法庭的立法或规定中，应当考虑以下这些最佳实践。

一 独立性

环境法院和法庭的独立性，其在决策过程中不受任何政治干扰或政治压力，对保障法治而言至关重要。[①] 不受政府或其他外部压力干扰的独立的裁判还能获得公共信誉、增加公信力和激发更大的诉诸司法的意愿。独立性还可以增强法官"走出条条框框"的信心，鼓励他们适用最新的国际环境法原则，以及对有效的程序和救济进行尝试，进而完善法理。

独立司法机构的优点：
- 只有司法独立才能使法院发挥其核心作用，以保证立法权和行政权不被滥用。
- 司法独立在保护公民基本权利方面发挥着关键作用。因为，任何人在认为自己的权利受到侵犯时都可以寻求司法救济。
- 政客不能运用他们的权力去改变法院的判决。

[①] Recommended by Preston, DeMarco, Rackemann, Lavrysen, Hantke-Domas, Fredes, Shindo, Stein, Ward, Lynch, Newhook, González, Okubo.

任何环境法院和法庭的模式都可以被设计为保持其独立性，甚至那些附属于其他行政机构并依赖其资源而运行的"附属"型环境法庭，在作出裁判时也可以做到保持一定的独立性。[1] 大多数人认为，独立的环境法院和法庭——即那些在行政、预算和法律上享有实际自由的环境法庭和法庭，它们虽审查机构或部委做出的决定，但却不受其监督。如，加拿大安大略省的环境审查庭、印度的国家绿色法庭和巴西的环境法院（在第三章讨论过的范例）是最不容易受到政客和说客影响的。然而，正如最近一份关于爱尔兰环境法庭的评论中写到的那样，环境法院和法庭不能过于独立，以至于脱离了公众和利益相关方。[2]

环境法院和法庭应当成为一个司法的法院还是行政的法庭，尚无定论，两种模式都可能运行良好。环境法院和法庭应当作为一审法院还是上诉法院（二审法院），或出现在法院系统中的各个层面，亦尚无定论。从发挥专门化优势方面来看，最轻而易举，且又最经济、最快捷和最简单的做法，就是简单地将一个已经存在的普通法院或法官指定为"环境法院"，在它们常规审判案件的基础上，加上处理环境案件。菲律宾、美国夏威夷州和其他几个国家或地区就选择了这种最低程度的模式。在另一个问题上人们也达成了共识，即环境法院和法庭应当既对实质问题进行审查（有权考察所有证据和对什么是正确决策做出裁判），也对（程序）进行司法审查［一项狭窄的权力，只就前面的决策制定者是否遵循了法律（程序）要求进行审查］。

---

[1]　See US EAB discussion in Models chapter.

[2]　Independent Review Group of the Ireland Department of Environment, Organisational Reviewof An Bord Pleanála（February 2016），at 195；http：//www.environ.ie/planning/bord-pleanala/review/organisational-review-bord-pleanala.

二　灵活性

> 最佳实践清单上最为突出的是……积极的案件管理和灵活性……对法院最为有利的是授权立法赋予法院可以制定自己的程序，而不受其他程序的约束……并且……法院可以接受任何它认为适合案件的证据……因而法院不受立法规定、议会法案、法规和其他正式规则的限制。
>
> ——新西兰环境法院大法官劳里·纽霍克（Laurie Newhook）

允许环境法院和法庭在制定自己的规则、程序和救济方面享有灵活性，被广泛认为是一个最佳实践。[①] 将环境法院和法庭从普通法院系统关于诉讼资格、证据、专家证人管理、收费、指令、惩罚等规则的限制中解放出来，允许其广泛制定"符合其目的"的规则，从而促进诉诸司法和提高有效性。一旦环境法院和法庭享有这些灵活性，它们就可以运用创新性的和"问题解决式"的、优于传统法院规则和程序的方法去解决纠纷。新西兰环境法院、印度国家绿色法庭和肯尼亚环境法院就是这方面的典范。这些法院和法庭被授权制定自己的规则和程序，将它规定在授权成立环境法庭的立法中，是一个独特的最佳实践。佛蒙特和菲律宾的环境法院也有属于自己的专门程序规则，但这些规则是由最高法院通过的。

三　非法学背景出身的决策者

同时配备法学出身的法官和科学技术决策者（科学家、工程

[①]　Recommended by Rackemann, Wright, Preston, DeMarco, Newhook, Kumar, Okubo, Oliver, Durkin, Bryan, Beyers, Gill, Muanpawong, González.

师、经济学家、规划师、学者）是很多受访专家十分推崇的一个最佳实践。[①] 这项实践给审判过程带来了两种主要的技能——法律技能和科学技术技能，这两种技能对复杂的环境案件审理并成功地作出判决均至关重要。

环境和土地利用/开发的冲突都是跨学科的，可以从不同背景和不同分析方法中获益。相较于法律，科学、经济和技术变化更快，今天的结论很可能会被明天的新发展推翻。在这个不确定的领域，两个（或更多）不同类型的大脑总比一个好。不同的视角可以提供更好的决策。[②] 一些专家指出，法学出身的法官可以从科学技术顾问那里得到如何作出裁判的建议，而这些科学技术顾问不一定要成为有投票权的审判官。

四　审判员的选拔

环境法院和法庭的法官与审判员应当经过透明、公开和竞争性的选拔程序而被任命。[③] 巴西、澳大利亚昆士兰州和美国联邦环保局的环境上诉委员会（Environmental Appeals Board）都是这种严格选拔过程的范例。环境法院和法庭的职位不应该被作为闲职、政治恩惠或退休后的奖励而随便给予。另外，司法人员应当有任期，其工资水平以及职业发展的机会应该与其他法官相等。基于资质、兴趣和较高的伦理标准进行任命不仅能提高裁判的质量，而且还能提高公众对于该机构的信心。在选拔标准中包括受

---

① Recommended by Gill, Newhook, Shirakura, DeMarco, Oliver, Preston, Lavrysen, Parry, Darpö, Kumar, Freitas, Fredes, Hantke-Domas, Stein, Muanpawong, Ward, Lynch, González, Macrory, Carim.

② Gill, G. (2015). Environmental Justice in India: The National Green Tribunal and Expert Members, in *Transnational Environmental Law*, http://journals.cambridge.org/action/displayAbstract?fromPage=online&aid=10052637&fulltextType=RA&filed=S20471002515000271 (click PDF or HTML link).

③ Recommended by Lavrysen, Stein, Ward, Lynch, Wang, Freitas, Okubo, Gill, Preston, Trenorden, Beyers, DeMarco, Hantke-Domas, González, Fredes, Madner.

过前期培训和有处理环境问题的经验等要求，或提供类似的培训作为职业发展的一部分，这是比较理想的。

五　替代性纠纷解决机制

如果要选择一个最能使环境法院和法庭成功的最佳实践，那就是替代纠纷解决机制（又被称为协调纠纷解决机制）。[1] 大部分的环境法院和法庭都实行替代性纠纷解决机制，包括和解、早期中立评估、调解和仲裁。它们中的很多，例如新西兰，在其审判规则中"非常积极地鼓励"使用替代性纠纷解决机制。有一个环境法院和法庭甚至将替代性纠纷解决机制作为处理所有案件的第一步（塔斯马尼亚），但这种做法并不被广泛认为是一种最佳实践。

大部分环境法院和法庭一般都会对案件进行一个初步评估（由书记员、案件管理员或法官进行），评估替代性纠纷解决的可行性。替代性纠纷解决机制不那么正式，对抗性较小，并且可以达成超出法律或审判员预期的有创新的救济方式——双赢的解决方案，而不是要么输，要么赢（的两难选择）。替代性纠纷解决机制通常更加快捷和经济（特别是当环境法院和法庭向当事人提供免费的替代性纠纷解决服务时），因此更有助于增加诉诸司法的机会。它可以让专家、其他利益相关方和"法庭之友"（amici curiae）参与进来，因而可以促进公众参与。

在刑事违法甚至民事违法案件中适用修复性司法可以使整个社区的代表参与到审判程序中来。法律法规授权环境法院和法庭可以将运用替代性纠纷解决机制作为争端解决的一个前提。至少，法院规则应当保证替代性纠纷解决机制对于诉讼当事人和法院而言都是可以实现的，无论由机构内部（更好）还是由外部提

---

[1]　Recommended by DeMarco, Durkin, Wright, Newhook, Okubo, Durkin, Oliver, Stein, Ward, Lynch, Trenorden, Parry, Bryan, Beyers, Preston, Rackemann, Muanpawong.

供替代性纠纷解决机制，其人员应该是受过全面的、不同形式的替代性纠纷机制培训，并经常接受更新性训练。此外，环境法院和法庭应当有权将通过替代性纠纷解决机制达成的协议（或任何形式的解决方案）最终落实到有约束力和执行力的法院判决中。替代性纠纷解决最全面综合的模式要数澳大利亚新南威尔士州的"多门法院"（multi-door courthouse），"多门法院"模式在庭外纠纷解决方面向当事人提供了广泛的选择。① 类似成功的例子还有澳大利亚昆士兰州、西澳大利亚州和新西兰。

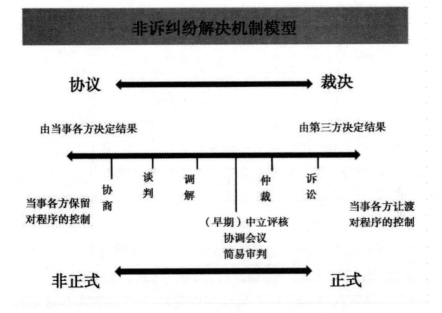

---

① Preston, B.(2008). The Land and Environment Court of New South Wales: Moving Towards a Multi-Door Courthouse, in 19 *Australasian Dispute Resolution Journal* 72（Part 1）and 144（Part 2），http: //papers.ssrn.com/sol3/papers.cfm?abstract_id=2346046.

六　综合管辖权

环境法院和法庭的管辖权应当尽可能综合。[①] 管辖包括四种类型：（1）地域管辖；（2）实质性事项管辖；（3）级别管辖；（4）上诉管辖。上述四种类型应当尽可能地包含在内。

管辖的种类：

1.地域管辖

2.实质性事项管辖

3.级别管辖

4.上诉管辖

（1）地域管辖：从物理意义上看，一国或一州内所有的人都应当有相对简便和平等的诉诸环境法院和法庭的机会，其中包括就地（问题发生地）进行审判。这就要求环境法院和法庭有多个实际工作地点。或者，环境法院和法庭的法官与审判人员可以开展现场调查和实地庭审，就像澳大利亚昆士兰州、加拿大安大略省、爱尔兰、新西兰和其他一些国家或地区的环境法院和法庭那样——甚至将飞机、轮船、大巴车装备起来作为"迷你"审判庭（巴西亚马孙州、菲律宾）。

（2）实质性事项管辖：最佳实践是赋予环境法院和法庭所有与环境法相关实质问题的管辖权（避免出现一些情况，例如，在对湿地案件进行审判时法院有适用生态系统法的管辖权而没有适用水法的管辖权）。另一重要的最佳实践就是环境法管辖权与土地利用/规划法管辖权的合并。因为，在这两个领域内作出的决定往往会相互影响（美国佛蒙特州、澳大利亚新南威尔士州、瑞

[①] Recommended by Durkin, DeMarco, Newhook, Rackemann, Preston, Lavrysen, Madner, Kumar, Wright, Wang, Haddock, Muanpawong, Okubo, Stein, Lynch, Ward and others.

典）。还有一项最佳实践就是环境法院和法庭实行民事、刑事和行政案件三审合一。因为，环境纠纷通常都是超过一种类型的案件（如果不是三种都涉及）。将环境刑事案件纳入管辖范围是实现环境司法正义和可持续发展的关键，如涉及违法捕杀野生动物和违法捕鱼等。一些表现杰出的环境法院，其管辖范围都很广，包括刑事、民事和行政法等领域（例如，澳大利亚新南威尔士州、新西兰、肯尼亚）。肯尼亚环境法院的授权法可能是世界上赋予管辖权最为宽泛的立法（见以下专栏说明）。正如加拿大安大略省的环境审查庭、印度国家绿色法庭和菲律宾环境法院所显示的那样，另外一个关于管辖方面的最佳实践就是法律明确授权在审判过程中适用宪法和国际环境法的原则。预先防范原则、代内和代际公平原则、污染者负担原则和其他正在兴起的国际环境法原则，使得环境法院和法庭既能保护当今的资源，也能保护未来的资源，并有助于实现联合国 2030 年可持续发展目标。

2010 年肯尼亚《宪法》第 162（2）—（3）条

（2）议会应当建立相当于高等法院地位的法院，以审判有关……环境和土地利用、占有等方面的纠纷；

（3）议会应当确定第（2）条中法院的管辖和功能。

2011 年肯尼亚《环境和土地法院法》第 13 部分

（1）法院对《宪法》第 162（2）（b）条、本法的规定或其他任何在肯尼亚适用的环境和土地相关的法律的规定有初审和上诉管辖权；

（2）在根据《宪法》第 162（2）（b）条行使其管辖权时，法院有权对下列纠纷进行审判：

（a）关于环境规划和保护、气候问题、土地利用规划、权属、期限、边界、利用率、租赁、评估、采矿、矿产和其他自然资源的案件；

（b）关于强制收购土地的案件；

（c）关于土地行政和管理的案件；

（d）关于公共、私人和社区土地和合同，无形财产或其他授予在土地上任何可执行利益的文书的案件；以及

（e）其他与环境和土地有关的纠纷。

（3）本法的任何规定不得阻止法院审理和裁定关于否定、违反或侵犯，或威胁关于《宪法》第42条、第69条和第70条规定的清洁和健康环境的基本自由的补救请求。

（4）在前述第（1）款和第（2）款规定的基础上，法院可以就下级法院或地方法庭在本法院管辖范事项围内作出的裁判进行上诉审理；

（7）在行使本法规定的管辖权时，法院有权在认为合适和公平的情况下作出任何禁令或批准救济，包括：

（a）临时或永久的保护令，包括禁令；

（b）禁令；

（c）支付损害赔偿；

（d）赔偿；

（e）执行特定行为；

（g）［原文］请求返还；

（h）声明；或

（i）承担费用。

（3）级别管辖：环境法院和法庭的级别管辖分为初审管辖（一审）、上诉管辖（二审）和最高法院管辖，或者上述三个层级的管辖都有。专家普遍同意，环境法院和法庭作为初审法院时应当对事实和法律均进行审查。一些环境法院和法庭是多级别的，例如瑞典和新西兰的环境法院和法庭，既是审理新案件的初审法院，又是对地方规划机构决定的上诉进行审查的二审法院。

泰国和中国是在三个层级（初审、上诉和最高法院）都设立了环境法院或绿色法庭。如果最初只能在一个级别建立环境法院和法庭的话，那么最佳实践是在初审级别建立这类法院和法庭，以便为上诉审查保存最确实的记录。

（4）上诉管辖：环境法院作出的裁决应上诉至何处？很显然，泰国的方法是环境法院的裁决可以上诉至上一级的环境法院，这对当事人而言是比较有利的，因为理论上各个级别都有环境法专家参与审判。考虑到它在法律体系中的重要地位，印度国家绿色法庭的裁决只能被上诉至最高法院。我们不太希望看到的情况是环境法庭作出的判决被上诉至非专业的普通法院或法庭，但这至少好于将其上诉至作出行政决定的行政机关，而后初审裁决被行政机关推翻。

尽管说了这么多，但一开始就建立一个具有广泛管辖权的环境法院和法庭，在政治上几乎是不可行的。2014 年，美国夏威夷州的立法机构推翻了环境法院支持者的观点而站到了开发者一边，宣布环境法院在土地利用和开发法领域没有管辖权。[1] 有些情况下，综合管辖权只会随着时间而扩大，例如，美国佛蒙特州高级法院的环境审判庭在 1990 年成立之初时，只在环境执法方面有管辖权，到 1996 年其管辖权扩大至土地利用上，到 2005 年又扩展到环境许可。瑞典的环境法院到 2011 年才将土地利用和开发案件纳入环境案件的范围。其他的环境法院和法庭也正在开拓和扩展它们的管辖范围。爱尔兰正在研究将其管辖权从土地利用许可扩展到包括环境问题。泰国正在考虑将目前分散在法院和行政法院系统的各个环境法院合并在一起，以加强效率和统一性。

专家普遍认为，过窄的管辖范围会限制环境法院和法庭解决问题或全面处理问题的能力。这里需要增加一条警示：只有在资

---

[1]　Hofschneider, A.(2015). Environmental Court：Hopes for Stricter Law Enforcement, Fears of Improper Influence, in *Honolulu Civil Beat*（July 2）, http：//www.civilbeat.com/2015/07/hawaiis-environmental-court-debuts-hopes-for-consistency-fears-of-improper-influence/.

源到位的情况下（才能扩大管辖范围）。肯尼亚创立了拥有非常广泛管辖范围的环境法院，该法院需要受理来自普通法院的洪水般的环境和土地案件。然而，人们随即发现，由于环境法院法官人数的限制，承担这样大的工作量几乎不可能。

七　诉讼资格

诉讼资格（locus standi）——由立法、法庭规则以及判例法先例所规定的、提起诉讼或参与诉讼必须具备的资格。人们普遍建议，诉讼资格规定得越宽泛越好，这是一个最佳实践。事实上，诉讼资格应当开放到"任何人"都可以提出环境诉讼，包括公益诉讼、公民诉讼和集体诉讼。[①] 诉讼资格是诉诸司法的最大障碍。许多国家的普通法院体系（包括美国）对诉讼资格的规定比上述的最佳实践要严格得多，为一些人诉诸司法设置了不可逾越的障碍。

> 代表下代人的起诉资格
>
> 1993 年，菲律宾最高法院在一起关于诉讼资格的案件中做出了一个有标志性意义的判决。这个案件由菲律宾公益诉讼获奖律师安东尼奥代表 40 名儿童和他们的父母起诉。本案的原告赢得了诉讼，政府被判停止颁发砍伐许可证，从而停止了对森林尤其是热带雨林的破坏。这是世界上第一次出现这一类的判决书，其中，法院的判决写道："我们不难判决孩子们能够代表他们自己同代人以及下代人提起诉讼。毫无疑问，为了使世世代代都能充分享受平衡和健康的生态环境，每一代人都有为下一代人保护自然的和谐旋律的责任。"（Oposa V. Factoran, www. lawphil.net/judjuris/juri1993/jul1993/gr_101083_1993.html）

---

① Recommended by Bryan, Haddock, DeMarco, Wright, Muanpawong, Okubo, Gill, Rackemann.

在一些国家，公民只有遭受人身或财产的"实际损害"时，或居住在环境问题发生地一定范围之内，或之前参与到政府行政机构的决策程序之中，才具有诉讼资格。欧洲委员会和《奥胡斯公约》执行委员会成功地向一些欧盟成员国施加压力，使诉讼资格在一些欧洲国家得以扩大。[①] 由于没有达到《奥胡斯公约》要求的扩大诉讼资格的标准，包括瑞典在内的几个欧盟国家都被欧盟法院点了名。中国的最高人民法院近期允许提起公益诉讼。到2015 年年底，已有 36 件公益诉讼正在审理中。泰国的最高法院也是如此。菲律宾、肯尼亚和印度关于环境案件的法律保证了开放的诉讼资格，个人、团体和环保非政府组织都可以代表公众利益提起诉讼。

研究表明，支持限制诉讼资格的有四大论点（滥诉、轻率之讼、法院职能不当和抑制开发），但这些论点是值得怀疑的。澳大利亚法律改革委员会 1985 年和 1995 年的研究显示，这些反对放宽诉讼资格的观点是错误的，或很容易被一个不对诉讼资格设限的法院所反驳。[②]

八　救济手段

环境法院和法庭需要有合适的救济，（有权对作为或不作为作出命令）以减缓或阻止其受理案件涉及的环境问题。[③] 现有的法律框架往往只赋予法院有限范围的救济权力，为法官采取更有效的举措留下的空间很小。在一些国家，法院判处的罚金如此之低以至于对排污者而言，继续倾倒废物比支付罚金成本要小。此

---

① See Darpö, J. (2013). Effective Justice? Synthesis report of the study on the Implementation of Articles 9.3 and 9.4 of the Aarhus Convention in the Member States of the European Union at 9, http: // ec.europa.eu/environment/aarhus/pdf/synthesis%20report%20on%20access%20to%20justice.pdf.

② For more details, see *Greening Justice* 33–40.

③ Recommended by Preston, Freitas, Kumar, Carim, Muanpawong, DeMarco, Lopéz, Rackemann, Okubo, Stein.

外，普通的监禁和罚金等处罚对环境的修复于事无补。如果法官
没有发布初步或临时禁止令的权力，他们就无法在案件审理期间
使环境维持现状，不被继续破坏。环境法院和法庭的授权法律和
法规应当列出一份救济清单，给予法院一定的灵活性，以便其在
必要的时候能够采取更多的措施（参见前述第四章第一节第一部
分中肯尼亚《宪法》的规定）。灵活的救济权力允许由当事人双
方通过调解，或由法官选择作出有原则的判决。例如，在巴西玛
瑙斯的环境法院（前述第三章第二节第一部分），在社区层面通
过修复性司法的适用，进而设计出创新而有效的解决方案。① 也
许，对可持续性而言，最重要的救济就是有权发布无须交纳保证
金的临时禁令，以在案件审理期间使环境保持现状。

九　执行权

环境法院和法庭必须被赋予强制执行其裁判和救济的权力。②
肯尼亚环境法院被赋予一系列的执行权就是一个典范（参见前述
四章第一节第六部分）。另一个很值得赋予环境法院和法庭的十
分有用的执行权是"持续令"（环境法院和法庭有权在作出裁判
之后继续对案件进行管辖，以监督案件的执行），这种方法在菲
律宾、印度、巴基斯坦和其他一些国家都有所使用。作为监禁
和/或罚金的替代，巴西玛瑙斯环境法院的法官在执行方面运用
了一些灵活的手段：被判违法的被告可以选择去上环境夜校；造
成污染的巴士公司可以张贴环保广告；偷猎者可以为野生动物保
护机构做"志愿"工作；违法开发商和滥伐者可以去翻新公共公

---

① Preston，B.(2011). The Use of Restorative Justice for Environmental Crime，in 35 *Criminal Law Journal* 136，http：//papers. ssrn. com/sol3/papers. cfm? abstract _ id = 1831822；Preston，B. (2007). Principled sentencing for environmental offences，in 31 *Criminal Law Journal* 91（Part I）and 142（Part II），http：//www.lec.justice.nsw.gov.au/Pages/publications/speeches_ papers.aspx.

② Recommended by Rackemann，Carim，Kumar，DeMarco，Preston，Freitas，Stein，Ward，Lynch，Okubo，Francisco.

园和植树等，这些举措取得了巨大的成功，同时，也抑制了累犯的产生。

十　绩效评估

透明的、公开的评估和问责机制是环境法院和法庭极为重要的最佳实践之一。① 在实施法院绩效评估的国际框架方面，澳大利亚新南威尔士州土地和环境法院走在了前列。这个国际框架是由一个国际相关机构为提高法院质量而制定设计的法院评估管理体系。② 很多环境法院和法庭，例如智利的两个环境法院，采用了自我评估的方法，并每年公布年度报告。还有一些环境法院和法庭，有外部的监督委员会，以及用户群体监督法院的绩效和公众满意度。最佳的实践是把环境法院和法庭的绩效评估作为强制性的、定期的、客观的、深入的，并允许其随时间的推移进一步加强和完善的程序。澳大利亚新南威尔士州土地和环境法院与其他一些有绩效评估体系的环境法院和法庭，有值得借鉴和推广的经验。

十一　充足的资源

建立环境法院和法庭的成本并不低廉［"尽管没有一些人想象的那么高"，这是佛蒙特前法官玛丽德斯·怀特（Merideth Wright）的说法］。有效的环境法院和法庭需要预算、法官、工作人员、信息技术人员和与工作量和设计相匹配的设施——以及

---

① Recommended by Preston, Okongo, Newhook, Rackemann.

② Land and Environment Court of New South Wales website, http://www.lec.justice.nsw.gov.au/Pages/about/strategic _ innovations. aspx; Preston, B. (2011). International Quality Framework in Operation at the Land and Environment Court of New South Wales, presentation to the Australasian Court Administrators' Conference (Oct. 6), http: //www.lec.justice.nsw.gov.au/Pages/publications/speeches_ papers.aspx.

为有需要的当事人提供免费的或补贴性服务等其他资源。[①]

事实证明，奥地利新行政法院的工作很有效。随着专门的审查小组的建立……聘用了高质量法官……有充足的资源和……人员，我们对法院能够保持高效运行充满了信心。
——维丽娜·麦德娜尔（Verena Madner）教授

肯尼亚的经验表明，人力资源方面规划的不足会成为诉诸司法的重大障碍。复杂的信息技术系统，作为环境法院和法庭运行中最佳实践的标志之一，非常昂贵并且需要前期规划。法官和工作人员到边远地区现场考察和审判的相关旅费也是另一项需要提前规划的开支。减小开支的种种努力（例如简单地在不减小工作量、不增加培训或提供充足的资源的情况下，将现有的普通法院法官任命为"环境法官"的做法）可能会导致法院工作难以有所改善甚至变得更糟，进而损害公信力和阻碍拓宽诉诸司法渠道的努力。

应当对两种不同的资源有所区分，一种是支持环境法院和法庭的资源，另一种则是支持有需要的当事人——贫困人群、公民/公共团体、公益诉讼和环保非政府组织——的资源。这项资金也应当在预算中予以考虑。诉讼费和法院费用的减免、由法院支付的专家证人和替代性纠纷解决费用、允许当事人自我代理（不需要律师）、公益诉讼案件中第三人（intervenor）的费用、"法庭之友"（amici curiae）的费用、禁止令保证金的免除费用和其他减少费用的援助等，也应当考虑在内。应当充分认识到，将环境法院和法庭规划成由法院收费来"自筹资金"的做法会给有

[①]　Recommended by Lavrysen, Wright, Hantke-Domas, Madner, DeMarco, Haddock, Okong'o, Stein, Ward, Lynch.

效诉诸司法带来极其消极的影响。

环境法院和法庭的资源还应受到保护，以免在政府对其裁判结果不满的情况下遭到政府报复性的裁减。巴西的做法是保证一定比例的国家年度财政收入分配给司法部门，这使法院在履职的过程中可以免受不利的财政影响。

第二节　运行阶段——最佳实践

环境法院和法庭在运行阶段中的最佳实践，无论是程序上的还是实质性的，都对诉诸司法和加强法治产生了促进作用。其中一些最佳实践甚至不需要增加法院的权限或资源就能实现。如果环境法院和法庭在创立之初或经改革之后，在结构、法规、程序、起诉资格、救济和执行等方面都有灵活的处理能力，那么以下这些最佳实践可以极大地改善其运行和效率，也符合环境法院和法庭的最大利益。书中列举的国家只是拥有这些最佳实践的很多环境法院和法庭中的几个少数范例。

一　深入群众

对公众——所有的利益相关方，从公民到开发商，到政府官员，到律师，到非政府组织，到学者——进行环境法院和法庭方面的全面教育绝对是最佳实践之一。[①] 环境法院能持续有效地工作并深入群众，符合公众（以及环境法院和法庭）的最大利益，包括增强环境法院和法庭的知名度和可信度，帮助人们理解环境法院和法庭的重要性，教育人们如何有效使用环境法院和法庭以及对其抱以什么样的期待，提高效率和搭建支持的网络。有效的环境法院和法庭通常运用的手段包括：

---

① Recommended by DeMarco, Gill, Kumar, Newhook, Durkin, Haddock, Preston, Oliver, Rackemann, Hantke-Domas.

- 信息技术，包括一个方便用户使用、定期更新的互动网站，网站的内容包括常见问题解答、联系人，以及指南、表格，并且为原告和律师提供可以在网上提起诉讼的可能（澳大利亚新南威尔士州、新西兰）。

- 书面材料，内容包括常见问题的解答，易读易懂，多语言版本，包括盲文（菲律宾）。

- 与社区公众、各种利益相关团体和政府会面，以帮助解释、设计、完善环境法院和法庭（新西兰、美国夏威夷州）。

- 征求利益相关人意见的程序，社区监督委员会或顾问咨询小组（印度、澳大利亚新南威尔士州）。

- 科学技术专家组成的社区小组对环境法院和法庭的裁判者提出建议（丹麦）。

- 将庭审通知和书面判决公开到网上。

二　用户友好型

如果环境法院和法庭都做到以用户和服务为主要目的，诉诸司法就会得到加强。[1] 传统意义上，司法的殿堂多被设计为庄严、强势和具有威慑力。而如今的环境法院和法庭则往往避开富丽堂皇的大门、高高的台阶和大理石柱子，转向非正式和亲民的形象。书记员和案件管理人员所要关注的是如何提供友好的、支持性的服务。

可以考虑以下特点：

---

[1]　Recommended by Hantke-Domas, Wright, Durkin, DeMarco and others.

- 残疾人通道；
- 方便盲人和聋哑人的设施；
- 免费翻译服务；
- 提供表格和程序方面的帮助，特别是对哪些没有律师代理的当事人；
- 配备一个案件管理人员，跟进案件进展，保障案件进展顺利；
- "移动法庭"，让法官走进公众和深入了解环境问题；
- 提供适当的机制，鼓励土著人参与和结合传统知识。这方面需作出特别努力。①

多语种标识——在有需要的地方是一项最佳实践。

---

① Last item recommended by DeMarco.

目标在于为用户提供"一站式"服务（美国佛蒙特州，澳大利亚昆士兰州、新南威尔士州）。

三　案件管理服务

良好的案件管理显然是一项最佳实践，包括从一个案件的归档到它的审理，应该有全心投入的专业人员（包括法官）和精简的程序对案件进行有效管理。[①] 这些服务包括：

- 对案件进行最初审查，确定它是否属于环境法院和法庭管辖；
- 在登记初期对案件进行评估，及时判断法律问题和确定哪一种替代性纠纷解决机制更为有效；
- 指导性听审会——和书记员、案件管理员及/或法官一起经常召开简短的指导性听审会，以作出相关预期和明确执行的时限；
- （申请）延期通常只有在理由非常充足的情况下才会得到支持；
- 提供可以获得的、透明的和经常更新的法院和案件信息；
- 对案件进行电脑跟踪，以保证记录不被遗失，当事人和法官可以获得所有的记录和时限，并且遵守时限；
- 裁判结果以书面形式公布到网上。

好的案件管理可以服务于当事人、利益相关者及环境法院和法庭本身，以提高效率，减少花销，并完善诉诸司法的渠道。澳大利亚昆士兰州、新南威尔士州、新西兰、美国佛蒙特州和美国联邦环保局环境上诉委员会，以及一些其他的环境法院和法庭，都采用了具有示范作用的案件管理体系。

[①] Recommended by Preston, Rackemann, Newhook, Parry, Trenorden, Wright, Oliver, Durkin, Muanpawong, Bryan, Haddock, DeMarco, Okong'o, Okubo, Beyers.

四　专家管理

另一项最佳实践就是制定相关规则和程序，对专家证人和证据进行"管理"（控制），以便最大限度地实现可靠性和高效率。[1] 澳大利亚的环境法院和法庭——包括昆士兰州、新南威尔士州和西澳大利亚州——都有多种方法管理专家证人和证据，以促进更公正的环境司法。[2] 这些技术手段包括：

- 法官提前告知当事人要聘请的专家，他们对环境法院和法庭负责，而不是对支付他们专家费的当事人负责。专家们必须起誓，陈述全部事实真相，并保持中立，否则他们将会被判藐视法庭罪。

- 在某一问题上要求专家与书记员或案件管理员会面——当事人或其代理律师不得在场——讨论和确认已达成的共识和无法达成共识的问题。

- 在一些案件中，让专家与环境法院和法庭的替代性纠纷

---

[1]　Recommended by Rackemann, Preston, Parry, Newhook, Trenorden, Bryan, Muanpawong, andothers.

[2]　Rackemann, M.(2012). Practice and procedure for expert evidence in the Planning and Environment Court of Queensland, in 27 *Australian Environmental Review* 276, http：//www.sclqld.org.au/judicial-papers/judicial-profiles/profiles/merackemann/papers/1; Rackemann, M.(2012). Expert evidence reforms-How are they working?in 2012 Resource ManagementTheory and Practice 41, http：//www.sclqld.org.au/judicial-papers/judicial-profiles/profiles/merackemann/papers/1; Preston, B.(2014). Specialised Court Procedures for Expert Evidence, plenary address at Japan Federation of Bar Associations (Oct. 24), http：//www.lec justice.nsw.gov.au/Pages/publications/speeches_ papers.aspx.

解决人员共同工作，争取在庭审前达成最大程度的共识。

● 要求专家在某一问题上共同撰写书面陈述，明确已达成的共识和无法达成共识的问题。这样，庭审时就可以重点处理后者。法院将这份书面陈述在庭审前提供给所有的当事人及其代理律师，或者要求专家各自准备一份书面陈述，在庭前提供给各方。

● 专家一次只讨论一个问题。

● 在某一个问题上，让专家在庭审时坐在一起（可能是陪审席），同时接受当事人/律师和法官的询问并对对方当事人聘请的专家的判断作出及时反馈（考虑到是坐在陪审席，这种形式在澳大利亚的口语中称为"热水浴"）。

● 在国际会议和出版物中分享这些创新性的专家管理程序。

在创新方面，我所在的法院做得最好的地方也许就在于与专家沟通方面，以及如何将专家的管理与早期调解结合起来，以通过一种解决问题的方式应对纠纷。

——昆士兰州规划和环境法院法院迈克尔·E. 拉克曼（Michael E. Rackemann）法官

不得不承认，这些程序有时会给一些法官和律师带来冲击。特别是在美国，采取的是司法"不干涉"的方式，通常由专家主导，这与大陆法系的法官询问模式正好相反。显然，如果忽略这些专家管理的实践经验，法院将不幸地要为处理"专家打架"问题付出代价。因为在这种情况下，专家证人往往不会保持客观，而只支持他们的当事人。因而，如果专家之间相互冲突，真相就只能靠边站了。

五　成本控制

控制及降低时间和金钱成本也是一项重要的最佳实践。[①]"迟到的正义不是正义"和"只有富人才能支付得起法院费用"是在所有司法改革中都会遇到的两个普遍问题。有效的环境法院和法庭都采取了一系列成功的战略以减少或消除时间和金钱成本，包括：

- 允许自我代理，不需要律师；
- 将类似的诉讼合并审理；
- 只向当事人收取合理的费用甚至不收取费用；
- 采取和积极运用替代性纠纷解决机制；
- 不要败诉方向胜诉方支付诉讼相关的费用（所谓的英国法上的规则"诉讼费须视诉讼结果而定"），除非违反法庭规则或出现极端行为的情形；
- 发布临时的限制令和初步的禁止令以维持环境现状，而无须原告支付保证金；
- 提供法院任命的专家；
- 高效的案件管理程序；
- 向贫困的当事人和公益诉讼提供支持。

环境法院和法庭的规划者不应当将环境法院和法庭视为通过向诉讼人收取费用而成为完全或者实质上"自筹资金"的法院，否则，激励环境法院和法庭的将会是创收，而不是服务客户和完善诉诸司法的渠道。在一些国家，就诉诸司法而言，高昂的诉讼费用是比诉讼资格更大的一个障碍。

六　职业发展

法治和完善的环境法理，取决于在环境法或环境领域有知识

---

① Recommended by Newhook, Shirakura, Muanpawong, Rackemann, Preston, Haddock andothers.

的、有经验的法官和审判者。并且，他们进一步的职业教育和发展也是一项重要的最佳实践。[①] 理想的情况下，司法选拔程序会对这样的资质提出要求（很多情况下并非如此）。即便已有这样的要求，将后续教育和职业发展作为强制性要求仍是非常重要的。可以通过一些组织，例如联合国环境署、司法培训机构、大学、以亚洲开发银行为代表的国际金融组织，以及环境法院和法庭组织，进行合作和召开大会等。

　　有很多著名的多国司法论坛可以为环境法官提供培训及合作的机遇，例如欧盟环境法官论坛（EU Forum of Judges for the Environment）（http：//www.eufje.org），澳大利亚—亚洲规划与环境法院和法庭大会（Australasian Conference of Planning and Environmental Courts and Tribunals）（http：//plevin.com.au/acpect2016/index.html）以及亚洲环境法官网（Asian Judges Network on Environment）（http://www.asianjudges.org）等。但是，目前还没有一个全球环境司法组织。不过，巴西的东尼奥·赫尔曼·本杰明（Antonio Herman Benjamin）大法官、美国的法学教授尼克·罗宾逊（Nick Robinson）和其他世界自然保护联盟

（IUCN）的领导人物正在致力于建立一个全球环境司法研究所
（Global Judicial Institute for the Environment）。很多优秀的环境法
院以及法庭的法官和审判者，将经常作为演讲者和培训官出现在
这些多国论坛上。他们定期出版刊物，经常到各地去给其他的环
境法院和法庭提建议，同时还邀请不同国家的法官和行政官的代
表到他们法院交流信息（见附件 E 专家名单）。

七　持续完善的承诺

持续完善这项最佳实践，反映了环境法院和法庭的大法官或
主席们的领导力，这与前述第四章第二节第六部分提到的最佳实
践密切相关。集体合议、合作、研究、观念分享、反思和评估等
做法都是有效的环境法院和法庭的一个标志。[①] 灵活充足的资源
是环境法院和法庭持续在这条道路上完善自我的关键。澳大利亚
新南威尔士州在这方面走在前列。

如果持续完善的动力不从环境法院和法庭内部产生，也可以来
自外部。2016 年 2 月，爱尔兰的环境部长发布了一份由特定的独立
审查小组进行的研究，其中包含了 101 条爱尔兰环境法庭的改革建
议。[②] 这些改进建议涵盖了本研究涉及的所有最佳实践，可以作为政
策制定者和利益相关方考虑创建或完善环境法院和法庭的蓝图。

如今，只有屈指可数的环境法院和法庭全部或部分地实现了以
上这些最佳实践。这些环境法院和法庭往往可能成为"劳斯莱斯"
模式的环境法院和法庭。不过，还有一些环境法院和法庭在更经济
的预算下也运行得非常成功。所有这些都需要仔细地规划和实施。

---

① Recommended by DeMarco, Newhook, Rackemann, Preston, Okubo, Madner.

② Ireland Department of Environment, Community and Local Government, Kelly Welcomes An Bord Pleanála Review Findings (March 14, 2016), http：//www.environ.ie/planning/bordpleanala/review/kelly-welcomes-bord-pleanala-review-findings; see Independent Review Group of the Ireland Department of Environment, Organisation Review of An Bord pleanála (February 2016), at 195; http：//www.environ.ie/planning/bord-plea rala/review/organisational-review-bord-plearala.

澳大利亚新南威尔士州土地和环境法院大法官布莱恩·J. 普雷斯顿（Brian J. Preston）在庭审现场。

第五章 环境法院和法庭的近期发展趋势

环境法院和法庭正在出现一些新的发展趋势，这些新的趋势也许可以成为某些情形下政策制定者的"最佳实践"：（1）合并（amalgamation）；（2）渐进式发展（incrementalism）；（3）司法改革（justice reform）。每一种趋势都会在环境法院和法庭的发展进程中发挥一定作用。

环境法院和法庭的近期发展趋势：

1.合并

2.渐进式发展

3.司法改革

第一节 合并

当前有一种趋势是合并，即将一些包括环境法院和法庭在内的不同的现有法院或法庭汇聚或合并起来，成为一个"伞形"或"超级法庭"。尽管同在一个单一的行政和预算框架下，这些合并而成的机构通常允许伞形法庭下的每一个法庭继续其相对独立地运作。但同时，环境法院和法庭也会出现一些合并或其边界轮廓模糊化。在加拿大、英格兰—威尔士、纽约市已经进行了法庭合并，澳大利亚的一些州和其他国家，以及塔斯马尼亚正在就合并进行研究。

贾洛德·布莱恩（Jarrod Bryan）——塔斯马尼亚环境法庭的书记员，负责塔斯马尼亚的合并研究。其在接受本研究访问时回应道，只要能够保留其司法管辖权的专门属性，将一些法庭合并是完全合理和合乎期望的。合并的益处包括节省开支、优化资源和能力建设、加强诉诸司法和完善服务。[①] 节省开支来自行政功能的集中和效率的加强，人力、空间、供给、信息技术、网站、通信等的共享，以及一个更灵活机动的预算。能力建设和服务之所以可以得到改善，是因为法官和工作人员的培训得到了完善，他们能够得到更好的交叉训练。公民诉诸司法也随之得以改善，因为他们可以更容易地找到一个集中在一起的法庭。在伞形框架下的工作人员可以更有效地筛选和分配案件。法官可以随案件量的需求而流动，使得判决作出更及时。需要注意的是，合并不能失去环境问题（或其他）的专业性要素。如果把"附属"于一个行政机构下的环境法庭——而该机构的行为又是法庭的审查对象——移到一个中立的机构，其独立性也可以得到增强。加拿大安大略省的环境审查庭和纽约市的环境法庭正是这样做的。

合并的趋势亦波及法院。在比利时的佛来芒区，环境执法法院和建筑许可纠纷法院（土地利用）最近被并入区级行政法院的普通服务（框架之内）。后者是整个佛来芒区所有行政法院的综合体。不过，这两个环境法院还保持它们各自的管辖权、法官和专门的工作人员。

当多个小型法庭已经存在，并且它们各自管辖的领域相互兼容（如果不重叠）的时候，则应该就建立或转向一个合并的超级法庭进行探讨。加拿大安大略省的环境和土地法庭就是一个集群式法庭的优秀范例，它保留了 5 个专门的附属机构的环境法庭

---

① See Department of Justice of Tasmania, A Single Tribunal for Tasmania—Discussion Paper (Sept.), http：//www.justice.tas.gov.au/about/reports_ and_ inquiries/current/a_ single_ tribunal_ for_ tasmania.for more details on the "benefits" of amalgamation described in this paragraph.

（http：//elto.gov.on.ca/）。一个更进一步的合并方式于 2014 年发生在奥地利。之前，奥地利有超过 100 个专门法庭，其中就包括一个环境法庭，即 Umweltsenat（德语的"环境议会"——译注），其审查有关环境影响评价的上诉。为了强化诉诸司法和提高效率，立法者撤销了这些法庭，将它们合并到一个新的二级法院体系内。对环境、自然资源和土地利用的决定提出的上诉，现在由国家层面的联邦行政法院或州/地方层面的 9 个行政法院中的一个审理，具体取决于诉讼的事由。根据行政法院的规则，案件根据一般事项领域分配给法官，包括在每个地方或联邦法院设立一个"绿色"审判小组。根据维丽娜·麦德娜尔（Verena Madner）教授对本研究的受访回馈，他认为这种做法不仅提高了效率，而且扩大了法院的管辖范围和权力，使得不同的问题得以综合解决，使司法可执行的裁判和一些其他最佳实践也得以实现。针对地方审判小组作出的判决的上诉由奥地利高等法院、行政法院或宪法法院受理，由此实现了环境正义和法治的真正完善。

第二节　渐进式发展

另一个在创建环境法院和法庭时需要考虑的趋势反映在一句古老的谚语中——"大处着眼，小处着手"。随着时间的推移以及需求、支持和案件量的增长，逐渐扩大规模的优势才会显现出来。这个路径在政治上更容易被接受，对各种利益的威胁也不大，并且实施起来更经济和快捷，尽管在一开始或长期提供环境正义方面，不会那么及时有效。

尽管环境法院和法庭的拥护者都呼吁，将建立一个完全独立、高知名度、具有广泛管辖范围的环境法院和法庭作为第一步，但是，对一些国家或地区而言，以一个更低调的方式作为开始似乎更为可行。在某些情形下，这种路径的意义更加凸显。例如，如果无法预测未来的案件量，如果资金短缺，如果有激烈的反对意见（例如，来自现有的司法界或商业界），或者，如果缺乏政治意愿但却有一个支持环境法院和法庭的重要领袖人物。这种情形在菲律宾就发生过，在当时的大法官瑞纳托·普诺（Reynato Puno）的领导下，最高法院（而不是议会）在预算没有增加的情形下将 117 个现有的法院指定为环境法院。

　　然而，寻求一个简单的解决方法并不容易。渐进式发展的缺点就是环境法院和法庭有可能永远难以综合实施所有的最佳实践，因为它们最初的成就很不起眼，又或许政治上修改授权立法或法规几乎不可能，又或许专门化会随着案件的一般化而消失。

第三节　司法改革

　　正如丹佛大学美国法律体系发展研究院（IAALS）执行主任和科罗拉多州高等法院前任大法官丽贝卡·洛夫·科丽斯（Rebecca Love Kourlis）观察到的那样："民事司法改革正在进行，民事司法改革是非常必要的。"[①] 丹佛大学美国法律体系发展研究院

----

① Kourlis, R.(2016). 10 ways to reform the civil justice system by changing the culture of the-courts, in *American Bar Association Journal* (Jan.14), http：//abajournal.com/legalrebels/article/to_ re-form_ the_ civil_ justice_ system_ we_ need_ more_ than_ rule_ changes.

最近的一项研究显示，在美国，人们认为法院是政治化的、低效率的和令人惧怕的。并且，法院是人们解决纠纷的最后选择而不是最优选择。为了改变这一状况，规则的改变是不够的。科丽斯大法官解释说："法院和（法律）职业的文化需要改变……必须建立'未来的'公正、快捷和经济的法院。"①

　　人们对于改革的呼吁，着重强调了包括更好的人际礼仪、对正义的关注、全心投入的法官、效率的提高和信息技术的智能利用等。我们可以加上：这些改革应该从正式转向非正式，从对抗性的、要么赢要么输的结果转向非对抗性的"解决问题"的方式；从诉讼资格有障碍到诉诸司法完全开放，以及从法律的严格适用到环境正义的实现。这些"最佳实践"的改革已经在影响和改变世界上的很多环境法院和法庭，并且应当在新建环境法院和法庭，或完善已有的环境法院和法庭时被考虑。

---

① Kourlis, R.(2016). 10 ways to reform the civil justice system by changing the culture of the-courts, in *American Bar Association Journal* (Jan.14), http：//abajournal.com/legalrebels/article/to_re-form_the_civil_justice_system_we_need_more_than_rule_changes.

奥克兰北高速公路项目在获得许可之前曾卷入环境法院的一起重大诉讼之中。

第六章　建立有效的环境法院和法庭的后续步骤

第一节　第一步：如果它没有坏，就不要修复它！

在考虑是否需要建立环境法院和法庭时，对现有的司法体系做一个综合评价是应做的第一步。有一句古老的谚语说："如果它没有坏，就不要修复它。"如果现有的体系——无论法院或仲裁机构，或土著人的司法体系，可以以一种可得的、公平的、快捷的和经济上可负担的方式给予公民环境正义和法治，那么，转向一个环境法院和法庭并不会有什么太大的收获（还可能会有所损失）。即便现有的体系不是"公正、快捷和经济"的，但也有可能从体系内部的某些地方寻找改革的路径，例如，强制性的司法培训、增加法官人数或更好的成本控制。美国政府在 1970 年就曾讨论过成立一个全国范围内的环境法院，但最终决定不这样做（尽管美国在一些行政机构内部成立了一些全国范围的环境仲裁机构，见附件 A）。

环境法院和法庭也不应该简单地建立在为了应对公众对于普通
法院的质疑之上，除非它们有足够的政治意愿和资源能够成功地实
现改变。有一种类型的环境法院和法庭被称为 ABNEs（An ECT that
has been authorized but not established），即"已授权但未成立"的环
境法院和法庭。这一类型的环境法院和法庭至少在 15 个国家存
在——包括孟加拉国、智利、斐济、巴拿马、坦桑尼亚和津巴布韦。
在这些国家中，环境法院和法庭已经被立法或司法授权，但尚未成
立。还有一种类型的环境法院和法庭被称为"停止的"
（discontinueds）环境法院和法庭。这些环境法院和法庭是得到授权
的，并且已经建立，但后来又被撤销掉。大概有七个国家出现过这
种情况——奥地利、巴哈马、中国（江苏省）、芬兰、匈牙利、荷兰
和南非。出现上述两种类型的环境法院和法庭的原因包括：

- 政治领导人和承诺的改变；
- 案件量不足；
- 资金不足；
- 特殊利益（集团）的压力；
- 司法反对或偏好；
- 几个环境法院合并为一个更大的非专门化的法院。

还存在一些情形，环境法院和法庭虽然被授权并开始运行，
却收效甚微，就像"没长牙的老虎"。这种情况是因为它们缺乏：

- 足够的案件；
- 接受过培训的法官；
- 政府机构的支持；
- 免受外部干扰的保护；
- 避免腐败的自由；
- 就如何运用环境法院和法庭的公民教育；
- 公信力；
- 适当的法律管辖、资金、救济或执行权；

- 灵活的治理规则；
- 扩大诉讼资格的规定；
- 其他必要的最佳实践。

第二节　第二步：评估现有的司法体系

上述第一步确认了（1）现有法院体系的问题和（2）利益相关者进行积极改善的承诺。那么，现在是进行第二步骤的时候了：评估哪里出了问题。为了完成这个步骤，有两条很好的路径，即外部的和内部的评估。

一　外部评估

目前有一些独立的、专业的评估工具，有助于对一国的法治进行评估。最有价值的是以下五种工具：

（1）环境民主指数（Environmental Democracy Index）：这项研究由世界资源研究所（World Resources Institute），及其"权力行动项目"（The Access Initiative）以及项目合作方共同编写，并于2015 年发布。[①] 世界资源研究所是一个全球研究机构，致力于研究环境与发展的交叉问题。而"权利行动项目"则是一个关注可得性权利的领袖型民间团体网络。环境民主指数在联合国环境署《关于在环境问题上获得信息、公众参与决策和诉诸司法的国家立法指南》（《巴厘指南》）的基础上，对世界上196 个国家中的70 个国家的近100 项针对法律、实践、透明度、问责制和公民参与等指标进行评估。[②] 该评估也吸收了来自世界各地超过140 名法律

---

① World Resources Institute, et al.(2015). *Environmental Democracy Index*, http://www.wri.org/our-work/project/environmental-democracy-index.

② UNEP(2015).*Putting Rio Principle 10 into Action: An Implementation Guide*, http://www.uneporg/civil-Society/Portals/24105/documents/BaliGuidelines/UNEP％20MGSB-SGBS％20BALI％20GUIDELINE.pdf.

人的意见。环境民主指数中最有用的是对"具体国家"指标评估的结果，特别是关于"司法"的评估指标（例如广泛的诉讼资格、有效审理、经济可承受力、有效救济和替代性纠纷解决机制的运用等）。遗憾的是，环境民主指数只针对法律的文本，而未对它们在实践中的适用和执行进行评估。

（2）环境绩效指数（Environmental Performance Index）：这项指数是由耶鲁大学、哥伦比亚大学和它们的合作方制定的。[1] 该指数就两个关键领域——保护人体健康不受环境危害和保护生态系统——对 128 个国家的 9 个不同的环境问题进行评估。同样地，深入查看每个国家的数据才最有指导意义，而不是简单地看国家的排名。

（3）奥胡斯综合报告（Aarhus Synthesis Report）：这项 2013 年的研究主要对欧盟成员国环境案件诉诸司法的状况进行评估。[2] 它综合汇编了来自欧盟 28 个成员国的杰出学者、法官和环境律师关于各国立法框架、司法审查、公众诉讼资格、审查范围深度、成本、有效性等所作出的报告。

（4）法治指数（Rule of Law Index）：这项指数由世界正义工程（World Justice Project）开发，世界正义工程是一个独立的、跨学科的慈善机构，致力于促进全球法治。[3] 世界正义工程根据国际标准，就"法治"的四个方面给出了一个具有权威性的定义：

1.政府及其职员、机构以及代理人，个人和私主体均对法律负责；

2.法律必须是明确、公开、稳定和公正的；法律应当得到平

---

① Yale University, *et al.* (2016). *Environmental Performance Index—2016 Report*, http://epi. yale.edu/reports/2016-report.

② See Darpö, J. (2013). Effective Justice?Synthesis report of the study on the Implementation ofArticles 9.3 and 9.4 of the Aarhus Convention in the Member States of the European Union at 9, http://ec. europa.eu/environment/aarhus/pdf/synthesis%20report%20on%20access%20to%20justice.pdf.

③ World Justice Project (2015). *Rule of Law Index：2015*, http://www. worldjusticeproject. org/ ruleof-law-index.

等适用；保障基本权利，包括人身和财产安全；

3.法律制定、实施和执法的程序必须是公开可参与的，公平而高效的；

4.司法正义应该由那些德才兼备、独立自主的代言人和中立的司法官员及时地给予公民。这些司法人员应该数量充足，资源充沛，并具有一定的代表性。[①]

2015年的法治指数是通过运用多要素分析而得出的，对102个国家遵循法治的程度进行了评估。它对每个国家的优势和劣势进行识别，以促使强化法治的政策选择。尽管这项分析并非专门针对环境指数，但我们也可以通过其中关于环境法治的一般排名和分析得出某些结论。

（5）开放政府指数（Open Government Index）：这项研究也是由世界正义工程主导的，它主要基于世界范围的公共调查和国内专家调查问卷，对政府的开放程度进行评估。[②] 2015年的开放政府指数是根据以下几个政府开放的方面对102个国家和地区进行的打分和排名：（a）政府公开的法律和数据；（b）信息获取权；（c）公民参与；（d）投诉机制（包括法院）。

①　World Justice Project(2015) .*Rule of Law Index: 2015*, http：//www.worldjusticeproject.org/ruleof-law-index.at 10.

②　World Justice Project （2015）. Open Government Index：2015 Report，http：//worldjusticeproject.org/open-government-index.

　　这五项外部评估有它们的局限性，因为它们没能涵盖所有的国家，并且上述研究彼此间存在冲突。此外，它们与一国是否有环境法院和法庭的相关性很小。有趣的是，一些排名靠后的国家却有运行有效的环境法院和法庭（例如肯尼亚和印度），而一些排名靠前的国家则没有环境法院和法庭（例如瑞典和新加坡）。这些评估确实提供了一些有用的信息，如一个国家正在做什么，哪里需要改进以及环境法院和法庭是否有助于促进法治和环境民主，包括获得权。

二　内部评估

　　比外部专家评估更重要的是一个真实的、对改革有促进作用的内部评估。评估应该包括各方的意见及有地方决策者和利益相关方参与，包括所有与环境问题相关的政府部门、民间团体、环保非政府组织、行政官员、检察官、商人、人权组织、学者和其他相关人员。利益相关者的"圆桌讨论"可以回答下列问题：

- 现有的法律是否充分；
- 普通法院系统是否"公正、快捷和经济"；
- 法院存在的问题是什么；
- 哪些改变将提高法院的工作效率。

环境司法系统的使用者应该被邀请对该系统进行讨论，讨论

该系统是否：

- 遵循法治；
- 缺少关键的组成要素（例如替代性纠纷解决机制）；
- 让所有人都能诉诸司法救济（诉讼资格）；
- 允许案件拖延数年；
- 收取禁止收取的费用；
- 法官熟悉并能正确适用环境法；
- 受腐败或外部利益的控制；
- 过度正式、死板或令人生畏；
- 提供统一的、一致的法律解释；
- 适用国际环境法原则；
- 缺少有效的救济手段或救济与犯罪/行为不匹配；
- 无法执行它的裁决。

第三节 第三步：斟酌案件量

即便环境法院和法庭支持者的论据压过反对方，进行第三步——考虑潜在的案件量还是必要的。"在案件数量上反复斟酌"对于避免规划的规模过大或过小十分重要。不止一个环境法院和法庭没能把这方面的工作做好，以致出现了案件量过大而无力应对，或过小而陷入尴尬的局面。设计者应当仔细计算现有的环境案件数量，并对环境法院和法庭未来的环境案件量进行预测。但如果法院的数据没有按照管辖事项进行归档的话，这项工作就会非常不容易。[在这种情况下，这样的研究可以由感兴趣的法学和社会科学学者与学生承担，正如丹佛大学所作的关于"针对公众参与的策略性诉讼"研究（SLAPPs）[1]。]

---

[1] See Pring, G. & Canan, P. (1996). SLAPPs: *Getting Sued for Speaking out*, http://www.amazor. com/Slapps-Getting-Sued-Speaking-Out/dp/1566393698/ref = sr_1_1? ie = UTF8&qid = 1457914924&Sr = 8 - 1&keywords = slapps.at xi.

　　对这些数据的分析直接决定了环境法院和法庭的模式及规模的设计是否合适。如果提起的诉讼案太少或涉及环境法律的案件太少，设计一个强有力的、复杂的、采用很多手段的以及昂贵的"劳斯莱斯"模式的环境法院和法庭将会徒劳无益。特立尼达和多巴哥在 2000 年建立了一个"劳斯莱斯"模式的环境法院，但它每年只审理几个案子。另外，另一个极端也应当避免，肯尼亚环境和土地法院的审判长、大法官萨姆孙·欧肯欧（Samson Okong'o），在调查的回复中警告说：

　　　　我们法院最大的劣势在于法官短缺……我们的法院建立之后，所有的普通法院都停止处理环境和土地案件。被任命到我们法院的仅有 15 名法官，我们发现工作量是压倒性的。那些正在规划成立像我们这样的法院的国家，应当考虑法院能够处理的案件的数量，并任命与案件量相匹配数量的法官。

　　如果在现有的和预期案件量的基础上事先对需求进行一个评估的话，那么，也许采用一个稍微小一些规模的方式（与特立尼达和多巴哥未充分利用的环境法院相比），或配备更充足的人员（与肯尼亚工作量过大的环境法院相比），可能会是一个更好的开始。不依靠数据，依赖道听途说的证据，或仅仅根据某一类突出的环境灾害（来设计环境法院和法庭）是绝对不建议的。

第四节　第四步：选择模式和最佳实践

如果前三个步骤明确了建立或完善环境法院和法庭的需求及愿望，那么，政策制定者和设计者就要进行第四个步骤的选择：什么样的模式最合适？应当吸取哪些最佳实践？在此，可以回顾一下前面关于环境法院和法庭模式及最佳实践的几个章节——进而制定必要的综合性立法或法庭规则，以授权成立有效的环境法院和法庭。

澳大利亚新南威尔士州土地和环境法院在案件所涉及环境问题的发生现场开展调解。

加拿大安大略省环境审查庭发布的公众教育刊物，其中包括指南、法条和年度报告——这是一项最佳实践。

第七章 环境法院和法庭立法之理想模式

如果想建立一个"完美的"环境法院和法庭，应当制定什么样的授权立法或法规？

1.目的：要对立法目的有一个明确的陈述：保证诉诸司法、环境民主、法治和可持续性。

2."公正、快捷和经济"：这是对提供公平、有效和经济上可承担的诉诸司法的一个明确要求。

3.独立性：要有相关的规定，以确保审判上的独立性，不受外部影响；行政上的独立性，独立于其决定为审查对象的政府部门；机构上的独立性，有权任命法官和决定任期及薪酬。

4.专业性：规定要同时有法学背景出身的和科学技术背景出身的审判人员，他们受过环境相关的训练，富有经验，并且有能力、视野宽、不带偏见、有道德、致力于（提供）服务和（追求）正义。

5.灵活性：环境法院和法庭要在控制自己的规则和程序方面有实质性的自主权（包括诉讼资格、诉讼费、救济和执行力，以及未来可以在不经过重新授权的情况下改变规则和程序）。

6.替代性纠纷解决机制：法院内部提供替代性纠纷解决机制，以改善裁判结果。

7.预算：有充足的、独立的、受保护的财政资源，不受政治上的报复打击。

8.综合管辖权：对所有涉及环境和土地利用规划法律的案件有广泛、全面和综合的管辖权。

9.信息技术：有关于不断完善的、提供全方位服务的信息系统的规定。

10.检察机关：授权给经过培训的专门环境检察官。

11.三审合一（triple jurisdiction）：覆盖民事、刑事和行政案件的管辖权。

12.级别：在初审和上诉级别上设立环境法院（也可以在最高法院设立）。

13.自然资源损害（natural resource damages）：有一个允许政府出资对公共自然资源进行恢复、替代或修复的程序，例如对土地、渔业和野生动物、生态系统、公园、森林、空气、水、地下水和其他由公众托管的资源。

14.公益诉讼（public interest litigation）：允许对政府或私人的任何不利于公共健康或环境的行为或不作为提起诉讼。

15.有"针对公众参与的策略性诉讼"（SLAPPs）的相关规定：为了保护诉讼当事人和其他人免遭上述诉讼，应规定一个快速撤诉程序，用以撤销这类诉讼。①

16.移交程序：规定其他法院将环境案件移交至环境法院和法庭审理的程序。

17.评估：要求根据绩效指标定期对法院进行有深度的评估。

以上这些要素代表着前文所分析的很多重要的最佳实践范例，它们连同充足和独立的预算一道，可以全部纳入国家层面或州/省层面的授权性立法或法院规则当中。授权立法还可以考虑在扩大未来管辖权和灵活性方面，采取一个分阶段的做法。是否扩大管辖权和采取什么样的灵活性，取决于对法院最初阶段运行的评估——这也是美国夏威夷州的做法。或者，如果政治气候不支持用立法方式建立环境法院和法庭，司法或行政领导人也可以

---

① See Pring, G. & Canan, P. (1996). SLAPPs: *Getting Sued for Speaking out*, http：//www.amazor.com/Slapps-Getting-Sued-Speaking-Out/dp/1566393698/ref = sr _ 1 _ 1? ie = UTF8&qid = 1457914924&Sr = 8 – 1&keywords = slapps.at xi.

绕开立法和烦杂的政治纷争，建立一个强有力的内部环境法院或环境法庭。已退休的菲律宾前最高法院大法官瑞纳托·普诺（Reynato Puno）正是一个这样的范例，他（推动了）一系列复杂的规则和程序的实施，在无须修改立法的情况下，由最高法院指定了一系列的环境法院。

　　被起诉到环境法院和环境法庭的有关可再生能源项目的案件，这类案件通常涉及人权、濒危物种和宪法问题——例如加拿大安大略省环境审查庭受理的风电农场案。

第八章　结论

环境法治把对环境保护的重要需求与法治的关键因素结合起来，并为环境治理改革提供基石。它通过将环境可持续性与基本权利和义务联系起来，使环境可持续发展占有优先地位。它暗含了普世的道德价值观和行为伦理准则，并为环境权利和义务提供基石。如果没有环境法治与法律权利和义务的执行，环境治理可能会变得恣意独断，也就是说，歧视性的、主观的和不可预测的。

——联合国环境署《专题简报》①

过去15年间环境法院和法庭的"爆炸式"发展反映了世界范围内对现有的审判机构解决环境纠纷的不满以及全球对改善诉诸司法和环境法治的要求。研究表明，精心设计与运行的环境法院和法庭的确可以完善诉诸司法，它们是比普通法院系统更"公正、快捷和经济"的方式，能强化诉诸司法，加强环境治理，进而更好地支持法治。

本指南为环境法院和法庭的规划及能力建设提供了一个"路线图"——不同模式的环境法院和法庭、专家列出的最佳实践范例清单以及一个建立环境法院和法庭应考虑的四步评价程序。本

---

① UNEP(May 2015).Issue Brief-Environmental Rule of Law: Critical to Sustainable Development, www.unep.org/delc/Portals/24151/Documents/issue-brief-environmental-justice-sdgs.pdf.

指南提供了一种鉴别环境法院和法庭的建立是否"正确"的方法，以鉴别一个环境法院和法庭是否能加强信息获取、公众参与和完善诉诸司法的渠道，是否能加强环境正义、法治、可持续发展和公共信誉，以及是否可以提供"公正、快速和经济的"环境纠纷解决机制。

附 件

附件 A　正在运行的环境法院和法庭名单

安提瓜和巴布达

1 个环境法庭——发展管理局（DCA）上诉法庭

澳大利亚

澳大利亚首都地区

1 个环境法庭——行政上诉法庭的土地和规划分庭

新南威尔士州

1 个环境法院——土地和环境法院

北部地区

1 个环境法庭——土地、规划和采矿法庭

昆士兰州

3 个环境法院——（1）规划和环境法院，（2）土地法院，（3）土地上诉法院

南澳大利亚州

1 个环境法院——环境资源和开发法院

塔斯马尼亚州

3 个环境法庭——（1）资源管理和规划上诉法庭，（2）森林事务法院，（3）塔斯马尼亚规划委员会

维多利亚州

1 个环境法庭——维多利亚州民事和行政法庭的环境规划法官名单

西澳大利亚州

1 个环境法庭——州行政法庭的发展和资源法官名单

奥地利

10 个环境法院——2014 年，奥地利有超过 100 个专门法庭、专门工作组和委员会被撤销，这些被撤销的机构的管辖权被合并到一个新的普通行政法院体系（2 个全国性的和 9 个地方性的行政法院），这其中就包括一个环境法庭，即被称为环境议会的 Umweltsenat。此后，2 个全国性行政法院中的一个以及 9 个地方性法院都建立了审理环境和规划案件的专门部门。在案件数量多时，这些专门部门的法官可以被借调到其他部门。

孟加拉国

4 个环境法院——3 个法院（达卡、吉大港和"联合"地区法院/锡尔赫特市环境法院），外加 1 个达卡环境上诉法院

比利时

2 个环境法院——弗莱芒大区环境执法法院和弗莱芒大区建筑许可争议法院

玻利维亚

9 个环境法院——9 个不同城市/城镇的农业环境法院（Tribeoales Agroambientales）

巴西

17 个环境法院：

联邦地区法院：

巴拉那州库里提巴市（Curitiba，Paraná）

圣卡塔琳娜州弗洛里亚诺波利斯市（Florianópolis，Santa Caterina）

南大河州阿雷格里港（Porto Alegre，Rio Grande do Sul）

亚马孙州玛瑙斯市（Manaus，Amazonas）

朗多尼亚州韦柳港（Porto Velho，Rondônia）

马拉尼昂州圣路易斯市（São Luis，Maranhão）

帕拉州贝仑市（Belém，Pará）

帕拉州马拉巴（Marabá，Pará）

帕拉州圣塔伦市（Santarém，Pará）

州法院：

马托格罗索州库亚巴市（Cuiabá，Mato Grosso）

亚马孙州玛瑙斯市（Manaus，Amazonas）

南大河州阿雷格里港（Porto Alegre，Rio Grande do Sul）（卫生和环境地区法院）

帕拉州贝仑市（Belem，Pará）（小型环境犯罪法庭）

巴西利亚联邦区（Brasilia，Federal District）

圣保罗州圣保罗市（两个环境上诉庭）

南大河州阿雷格里港（Porto Alegre，Rio Grande do Sul）（法院第四刑庭的半专门化环境犯罪审判分支机构）

加拿大

阿尔伯塔省

2个环境法庭：（1）环境上诉委员会，（2）自然资源保护委员会

不列颠哥伦比亚省

10个环境法庭：

环境上诉委员会

森林上诉委员会

私人管理林地委员会（Managed Forest Council）

森林事务委员会

公益事业委员会

农业产业审查委员会

农业土地委员会

油气委员会

油气上诉法庭

地表权利委员会

马尼托巴省

1 个环境法庭——清洁环境委员会

西北地区

1 个环境法庭 ——麦肯齐谷评论委员会

新斯科舍省

1 个环境法庭——环境评估委员会

安大略省

由 5 个环境法庭组成的"伞形法庭"——安大略省土地和环境法庭（ELTO）

5 个环境法庭之一——环境审查庭，其内部组成包括：

综合聆讯办公室

尼亚加拉陡崖聆讯办公室

安大略市政委员会

保护审查委员会

魁北克省

1 个环境法庭——环境公共聆讯办公室

智利

2 个环境法院——3 个被授权但只有 2 个在运行：

第一环境法院，安托法加斯塔（尚未运行）

第二环境法院，圣地亚哥（运行）

第三环境法院，瓦尔迪维亚（运行）

中国

456 个环境法院（由于本书中，"法庭"仅指"非司法审判机构"，"法院"才指代"司法审判机构"，因而此处译为法院，但实际指"环保法庭""环保合议庭"等。——译注）（截至 2015 年 11 月 1 日）

根据最高人民法院的报告：

最高人民法院设立了环境资源审判庭（仅限民事）。

24 个省建立了环保法院，其中 9 个省份（广西、贵州、福建、海南、河北、河南、江苏、江西、山东）在其高级人民法院建立了环保法院，4 个省（福建、贵州、海南、江苏）在三个级别（基层法院、中级法院和高级法院）建立了环保法院。

从 2014 年 1 月 1 日至 2015 年 11 月 1 日，环保法院共审结：27552 件环境刑事案件，34988 件环境行政案件，170661 件民事案件（包括 4571 件污染侵权案件）。自 2015 年 1 月 1 日起，受理了 36 件环境公益诉讼案例。

哥斯达黎加

1 个环境法庭——环境保护法庭（环境行政法庭）

16 个环境法院——土地法院：15 个一审/初审法院和 1 个上诉法院，在可能发生土地冲突的地区

丹麦

1 个环境法庭 ——自然保护和环境上诉委员会

埃及

1 个环境法院 ——一个或多个环境法院（来源：美国国会图

书馆）

萨尔瓦多

1 个环境法院——2014 年授权了 4 个环境法院（3 个初审法院，1 个上诉法院），但只有 1 个由最高法院建立的法院正式运行（其余 3 个尚未正式运行）。

芬兰

1 个环境法院——瓦萨行政法院（初审）处理所有环境和水案件

最高行政法院在 2008 年设立了一个环境法庭，但已和其他非环境法庭合并为第一庭，管辖范围普通化。

冈比亚伊斯兰共和国

1 个环境法院——在卡尼芬的地方法院成立了环境法院，以处理弃置废物的案件（刑事方面）。另外两个宣称要在治安法院设立的环境法院尚未正式建立。

希腊

1 个环境法院——自 20 世纪 90 年代以来，最高行政法院有一个专门的第五部门处理环境法案件。

危地马拉

2 个（或更多）环境法院——在许多市、区建立了一些联合法院，对"涉毒活动与环境犯罪"案件进行初审。

圭亚那

1 个环境法庭——2015 年运行的环境评估委员会
环境上诉仲裁庭尚未正式运行。

印度

5 个环境法庭——国家绿色法庭，主法庭为德里法庭，另设 4 个地区法庭，增设 3 个巡回点，增加诉讼的便捷性。

爱尔兰

1 个环境法庭——规划委员会

牙买加

1 个环境法庭——自然资源保护上诉法庭

日本

48 个（或更多）环境法庭——（1）国家环境纠纷协调委员会（EDCC 或 Kouchoi）；（2）都、道、府污染检查委员会（PPECs）（日本 47 个都、道、府中，有 37 个都、道、府设有上述机构。在其他 10 个都、道、府中，有 9—15 个由县长任命的污染审查专员开展替代性纠纷解决）；（3）不计算在内的包括：环境控告咨询服务（有报告统计，在地方政府一级——主要是县级地方政府——这些咨询服务机构每年聘用 11716 名工作人员，处理 90000—100000 份申请）。

肯尼亚

15 个环境法院——环境和土地法院（计划在每个县建立一个环境法院，共 47 个，这将意味着目前还有 32 个待建）

2 个环境法庭——国家环境仲裁庭（环境影响评价上诉）和环境公共投诉委员会（聆讯/裁决）

马来西亚

95 个环境法院——自 2012 年起，42 个（或更多）法院，以及马来西亚各地的 53 个治安法院被指定为环境法院（仅涉及刑事案件；向高等法院提出上诉）；环境民事案件仍由普通民事法院管辖。

2015 年开始研究建立审理民事案件的环境法院，目前还待建；高等法院级别的环境法院也被敦促建立。

马耳他

1 个环境法庭 ——环境和规划审查法庭

毛里求斯

1 个环境法庭——环境和土地利用上诉法庭

新西兰

1 个环境法院——分别在三个城市设立办公地点

尼加拉瓜

1 个环境法院——环境法院

尼日利亚

10 个（或更多）环境法院 ——州和地方层级的环境法院（无国家级）

有些被称为"环境卫生法院"。

巴基斯坦

250 个环境法院——迄今为止，已有 250 名法官被指定担任高级法院和地方法院的"绿色法官"。不成文的做法是 5 个高等法院配有一位或两位绿色法官，133 个地区在各个审判层级均设两位绿色法官，组成绿色审判庭；上述这些还没有完全实现。在高等法院，首席大法官提名一名对环境法有兴趣的法官。在地区，有一位领导市、区司法机构的法官和一位高级民事法官根据他们的职务表现被任命为绿色法官。

巴拉圭

2 个（或更多）环境法院——库鲁瓜提（Curuguaty Canideyu）环境法院，上巴拉那省（Alto Paraná）环境法院

秘鲁

4 个环境法庭——环境控制法庭（Tribunal de Fiscalización Ambiental）。在国家环境评估和执行机构内（Organismo de Evaluación y Fiscalización Ambiental）创建了 3 个专门分庭，审理采矿、能源和渔业及制造业方面的案件。

林业投资控制机构（Organismo Supervisor de la Inversión en Recursos Forestales）内设森林和野生动物法庭。

菲律宾

117 个环境法院——2008 年指定现有的一审或二审法院为环境法院

3 个环境法庭——污染审判委员会、矿业裁决委员会、森林管理局聆讯办公室

萨摩亚

1 个环境法庭 ——根据 2004 年法案授权成立的国家规划法庭，已经审理和裁决了 1 个案件。

韩国

17 个环境法庭 ——国家环境纠纷解决委员会+16 个省/市的区域环境纠纷解决委员会

西班牙

1 个环境法院 ——国家最高法院第三庭（sala）的第五部门，专门审理环境案件。

斯里兰卡

1 个环境法院——一位斯里兰卡最高法院法官称，虽然斯里兰卡在司法机构中没有常设的"绿色法庭"，"但最高法院有一个专门受理环境案件的法庭"。

苏丹

1 个环境法院或更多 ——喀土穆州和"其他州"的州环境法院

瑞典

6 个环境法院——1 个土地和环境上诉法院，5 个土地和环境（初审）法院（2011 年，环境法院被授权管辖土地利用规划案件，因而将"土地"添加到法院的名称当中）

泰国

21 个环境法院（内设环境审判庭）——2 个独立系统：
1.普通法院的环境审判庭：
最高法院（1 个）
所有上诉法院（10 个）
中央民事法院（1 个）
2.行政法院环境审判庭：
最高行政法院（1 个）
所有初审行政法院（8 个）
将普通法院和行政法院的环境审判庭合并为"一站式"机

构，行使 3 种管辖权（民事、刑事和行政）的计划正在考虑中。

特立尼达和多巴哥

1 个环境法院 ——环境委员会

英国

1 个环境法庭——初审法庭（环境方面）（的管辖范围）涵盖英格兰、威尔士和北爱尔兰；它是一般管制法庭内设的 7 个初审法庭之一。

苏格兰正在考虑建立环境法院和法庭。

4 个环境法院——规划法院（司法部管辖下的行政法院的一个组成部分）

皇室护林法院：

新林苑/狩猎法院

迪恩森林法院

埃平森林区/沃尔瑟姆福星斯特法院

美国

国家层面

5 个环境法庭 ——美国环境保护局（USEPA）：

（1）美国联邦环保局行政法官办公室（初审）

（2）美国联邦环保局环境上诉委员会（上诉）

美国内政部（USDI）：

（1）内政部案件聆讯部（初审）

（2）内政部内部土地上诉委员会（上诉）

核管理委员会（NRC）——原子能安全和许可委员会小组（ASLBP）

夏威夷州

22 个环境法院 ——在 2015 年，22 个现任区法官和巡回法院法官被"指定"为环境法院法官，他们在审理一般案件的基础上，每个月还额外处理一定数量的环境案件。

马萨诸塞州

1 个环境法庭 ——环境保护上诉和纠纷解决办公室

德克萨斯州

1 个环境法庭 ——德克萨斯州行政聆讯办公室的行政法官自然资源小组

佛蒙特州

1 个环境法院 ——佛蒙特州高等法院环境审判庭

华盛顿州

3 个环境法庭 ——环境和土地利用聆讯办公室：（1）污染控制聆讯委员会，（2）海岸线聆讯委员会，（3）增长管理听证委员会

纽约市

1 个环境法庭 ——行政审判和聆讯办公室的环境控制委员会（OATH），这个庞大的机构在 2015 年一个财政年度就受理了623758 件违法案件（违反城市公共卫生、安全和环境法律）。

其他地方政府

美国在地方政府层面有很多环境法院和法庭（市、县）。

附件 B　待建或潜在的环境法院和法庭名单

阿拉伯联合酋长国

阿联酋政府官员目前正在研究其他国家的环境法院和法庭。

阿根廷

阿根廷胡胡伊省司法部在 2015 年 12 月宣布，准备建立配备三名法官和两名环境检察官的环境法院。

2014 年，阿根廷最高法院在内部建立了环境法办公室，专门负责司法培训、案例研究、参与国际组织并且为司法系统的可持续实践进行指导。

巴哈马

欧共体的司法部长在 2015 年宣布将把建立环境法院成为他们创建"快捷司法"中的一部分。

1995 年立法已经授权创建环境法院，但很明显到了 21 世纪初中期环境法院就停止了运行。

不丹

2015 年，不丹正式宣布要在最高法院成立"绿色审判庭"，专门审理环境案件。2016 年年初"绿色审判庭"议事规则已经开始起草。

波斯瓦纳

建立环境上诉法庭的环境法草案在 2011 年 5 月的环境和旅游会议上已经公布，但是还没有正式实施。

厄瓜多尔

国家司法委员会主任称，厄瓜多尔在 2013 年就已经准备在加拉帕戈斯群岛进行环境法院试点。但是据环境保护民间组织称，直到 2015 年这个法院还未成立。

洪都拉斯

一个非政府环境保护机构——洪都拉斯环境法研究所，在 2015 年就着力推进洪都拉斯环境法院的建立。

印度尼西亚

印度尼西亚最高法院选择现阶段不成立环境法院，但是先着手进行环境法方面的培训和开展备选法官的资格认证，这些准备行动也许能让他们在未来建立一个环境法院体系。

以色列

一个先锋环保组织在 2010 年就呼吁成立环境法院，此要求已经在部长立法会议和政治竞选中被提出。

肯尼亚

在原有的 15 个环境法院的基础上建造更多法院的计划一直悬而未决，其目标是在全国 47 个郡县各建立一个环境法院。

科威特

科威特环保局局长宣布，环境法院将于 2000 年 10 月开始成立，但这一宣告并未付诸实践。环保局 2009 年再次说将建立环境法院。2014 年新的环保法颁布后，媒体和学界在 2015 年又一次呼吁成立环境法院。

黎巴嫩

根据相关媒体报道，黎巴嫩已经起草法案呼吁建立环境法院多年，这个法案在 2013 年已经被列为黎巴嫩"十大搁置法案"；（此外）绿党也呼吁成立环境法院。

马拉维

环境上诉法庭（处理环境影响评价上诉）已经在 1996 年获得立法授权，但是依旧未正式运行。2015 年，在欧盟和世界资源研究所资助的项目推动下，有了一些新的进展。这个项目旨在制定必要的规则、所需的预算等，以使环境上诉机构能够正式运行起来。

马来西亚

首席大法官在 2015 年发表声明称"我们正在准备"，并"在不久的将来"在高等法院和下级法院的层级都成立环境法院审理民事环境案件，这些民事环境法院将涵盖"环境"和"规划"法。

墨西哥

墨西哥 2013 年的联邦环境法案授权司法部门：（1）为管辖新法指派专门的环境法官，或者（2）授予现有的联邦法官此类管辖权。2015 年，司法部门选择了第二个方案，并声明现有的环境案件量还不足以建立专门的环境法院，如果将来环境案件量增多，则可建立专门的环境法院。

尼泊尔

2012 年，尼泊尔律师协会环境法委员会会议提出在最高法院成立环境分支机构，并建议下属法院也设立环境法院和法庭。

乌干达

2015 年，水和环境部部长声称与司法部门和其他部委关于建立专门环境法院的讨论已经进入最后阶段，并得到了十分积极的答复。

英国—苏格兰

早期，政府经研究拒绝成立环境法院，一个在苏格兰具有领导地位的法律机构——倡导者学院（Faculty of Acvocates）（苏格兰与英格兰的司法体系不同），在 2015 年支持苏格兰"地球之友"和其他组织机构的呼吁：为履行《奥胡斯公约》，应建立环境法院或环境法庭。

瓦努阿图

2014 年，瓦努阿图环境法协会成立，宣布其"主要目标"之一是"与瓦努阿图政府就建立一个国家级环境法院进行对话"。

越南

一位工业和贸易部下属的工业政策和战略研究所的官员在 2013 年一个关于环境纠纷解决的研讨会上呼吁成立环境法院，这一呼吁也得到了环境保护非政府组织的响应。

附件 C　已授权但尚未成立的环境法院和 法庭 （ABNE） 的名单

孟加拉国

60 多个环境法院——2010 孟加拉国法律规定至少在全国的 64 个区各建立 1 个初审环境法院，并且建立不定数量的上诉级环境法院。

然而，至今只成立了 3 个初审环境法院和 1 个上诉环境法院，因此 60 多个环境法院已获授权却并未建立。

智利

1 个环境法院——3 个环境法院获得 2012 年立法授权。其中，第二环境法院在圣地亚哥、第三环境法院在瓦尔迪维亚正在运行。而安托法加斯塔的第一环境法院目前并没有正式建立的迹象。

萨尔瓦多

3 个环境法院——4 个环境法院在 2014 年获得立法授权（3 个初审，1 个上诉），但迄今为止只有一个由最高法院建立并开始运作，另外 3 个未实际建立。

斐济

1 个环境法庭 ——2005 年立法授权建立一个环境法庭，但仍未实际建立。

冈比亚

2 个环境法院——2009 年在卡尼芬县的治安法院成立了环境法院，在 2007 年《反倾销法》框架内处理刑事案件，但另外 2

个宣布成立的环境法院并没有建立。

圭亚那

1 个环境法庭——虽然环境评估委员会（初审级别）已经运行多年，但同样由 1996 年立法授权建立的环境上诉法庭（上诉级别）却未建立。

莱索托

1 个环境法庭——2008 年环境法授权成立一个环境法庭，但到 2015 年仍然没有成立。

利比里亚

2 个环境法院——2002 年立法授权成立环境行政法院（初审）和环境上诉法院（上诉）；两者至今仍然没有正式成立。

马拉维

1 个环境法庭——环境上诉法庭（针对环境影响评估上诉）于 1996 年获得立法授权，但仍然没有成立；然而，在 2015 年有了新的进展，正在根据一项欧盟和世界资源研究所资助的项目制定必要的规则和所需预算等，以便使其投入运行。

墨西哥

1 个或多个环境法院——环境法院由墨西哥 2013 年联邦《环境责任法》授权建立，允许指定现有法官从 2015 年 7 月开始受理环境案件。然而 7 月之后，还未正式实行，接下来的时间表是在 2015 年完成该计划。

巴拿马

2 个环境法院——1998 年第 47 号《基本环境法》授权第一

司法巡回法院的两位巡回法庭法官在审理已有案件的基础上，审理所有的环境案件。其中，一位法官受理由环境检察官提起的所有刑事案件，另一位法官受理所有环境责任（民事方面）案件。（但事实上）两位法官显然没有履行这些职责，所以环境法院仍然是未运行的状态。

卢旺达

1 个环境法庭——2003 年立法授权建立环境法庭，但至今仍然没有正式成立。

坦桑尼亚

1 个环境法庭——2004 年立法授权建立国家环境上诉法庭，但至今仍然没有正式成立。

汤加

1 个环境法庭——2012 年立法授权建立规划法庭，但至今仍然没有正式成立。

津巴布韦

1 个环境法院——1975 年立法授权建立自然资源法院，但至今仍然没有正式成立。

附件 D　已成立后被撤销的环境法院和法庭名单

奥地利

1 个环境法庭——奥地利曾有一个审理环境影响评价类案件的环保法庭——Umveltsenat，在 2014 年被撤销，并且所有环境案件移交到在国家和当地/州级新设立的普通行政法院。新法院正在设立"绿色"审判小组。因此，被撤销的环境法庭实际上被扩大成了 10 个拥有更广泛环境管辖范围，同时又保持其专门性的环境法院。

巴哈马

1 个环境法院——由 1995 年的立法创建，一直运行到至少 2002 年，但 2007 年之后不再运行。司法部长宣称 2015 年将成立一个环境法院，作为其"快捷司法"举措的一部分，但尚未实现。

中国，江苏省

若干环保法院——在 2010 年之前建立的一些分散的环保法院被取消，它们被合并为集中式的环境法院。

芬兰

1 个环境法院——最高行政法院于 2008 年设立了一个专门的环境法院，但之后经重组与其他非环境法院合并成第一庭，同时在瓦萨仍然保留了一个初审级别的环境法院。

匈牙利

1 个环境法庭——匈牙利的第一个环境监察机构拥有环境法

院式的权力（被授权审查和暂停政府行政决定）——比一些环境法庭拥有更多权力。运行 4 年之后，立法机关在 2012 年将该办公室合并到伞状式普通监察办公室中，并将其权力限制在信息通报范围内。

荷兰

1 个环境法庭——荷兰国务委员会的最高行政法院曾有一个专门的上诉"环境庭"，专门审理环境和规划案件（超过法院业务的 60%）。重组后，又组建了 3 个庭，包括一个"普通庭"。该庭仍然主要处理环境、水、土地利用和涉及自然问题的案件，但它同时对某些非环境纠纷（教育、赠款、补偿、住房和健康护理）也有管辖权，因此它不再是一个完全的专门环境法院。

南非

2 个环境法院——南非曾有 2 个较低级别的刑事环境法院，主要受理渔业案件——例如在赫尔曼努斯和伊丽莎白港发生的两起案件（编号分别为 2003-6 和 2004-9）——但后来由于不明原因被政府撤销了。

附件 E   环境法院和法庭专家联系名单

（加 * 号指为本研究所进行的调查贡献了信息和观点的专家）

澳大利亚—新南威尔士州

* 布莱恩·J. 普雷斯顿（Brian J. Preston SC）
新南威尔士州土地和环境法院首席大法官
Land and Environment Court of New South Wales
225 Macquarie Street
Sydney, NSW 2000
Australia
justice_ preston@ courts.nsw.gov.au

澳大利亚—昆士兰州

* 迈克尔·拉克曼（Michael Rackemann）
昆士兰州规划和环境法庭与昆士兰地区法院法官
Queen Elizabeth II Courts of Law
PO Box 15167
Brisbane, QLD 4002
Australia
Judge.Rackemann@ courts.qld.gov.au

澳大利亚—南澳大利亚州

* 克里斯汀·特诺邓（Kristin Trenorden）
伦敦大学学院澳大利亚分校客座教授
Torrens Building
200 Victoria Square
Adelaide 5000, South Australia

Australia

c.trenorden@ ucl.ac.uk；ctrenorden@ gmail.com

［南澳大利亚环境、资源和发展法院高级法官（2002—2010年）；起草 2011 年《斐济环境法庭规则》；对南太平洋岛屿地区环境法院和法庭的发展颇为了解］

澳大利亚—塔斯马尼亚州

＊贾洛德·布莱恩（Jarrod Bryan）

资源管理和规划上诉法庭书记员

Level 6

144 Macquarie St.

Hobart，Tasmania 7000

Australia

rmpat@ justice.tas.gov.au；singletribunal@ justice.tas.gov.au

（2015—2016 年，担任司法部独任法庭项目的项目经理）

澳大利亚—西澳大利亚州

＊大卫·帕里（David Parry）

西澳大利亚地方法院法官，西澳大利亚州国家行政法庭副主席

565 Hay Street

Perth，WA 6000

Australia

Judge.Parry@ justice.wa.gov.au

奥地利

＊维丽娜·麦德娜尔（Verena Madner）

维也纳经济和商业大学教授

Welthandelsplatz 1，Building D3

1020 Vienna

Austria

verena.madner@ wu.ac.at

［环境议会环境法庭主席（2008—2013 年）］

比利时

埃迪·斯托姆斯（Eddy Storms）

弗莱芒地区行政法院服务组织第一主席

Eddy.Storms@ law.kuleuven.be；eddy.storms@ vlaanderen.be

（弗莱芒地区行政法院的"伞形"组织成员，法兰德斯建筑许可纠纷行政法院前主席）

* 吕克·乔利（Luk Joly）

弗拉芒地区环境执法法院主席

Koning Albert Ii-laan 20 bus 23

1000 Brussels

Belgium

luk.joly@ vlaanderen.be

* 卢克·拉维斯（Luc Lavrysen）

教授，博士，比利时宪法法院法官，欧盟环境法官论坛主席

Koningsplein 7

1000 Brussels

Belgium

luc.lavrysen@ const-court.be；luc.lavrysen@ ugent.be

* 库尔特·德克特拉尔（Kurt Deketelaere）

博士，鲁汶大学法学院环境与能源法研究所教授

KU Leuven

Tiensestraat 41-box 3414

3000 Leuven

Belgium

kurt.deketelaere@ law.kuleuven.be；Kurt.Deketelaere@ leru.org
（欧洲研究大学联盟秘书长）

* 让-克里斯多夫·拜尔斯（Jean-Christophe Beyers）
鲁汶大学法学院环境与能源法研究所博士研究员
KU Leuven
Tiensestraat 41
3000 Leuven
Belgium
jeanchristophe.beyers@ law.kuleuven.be

不丹

达绍·策林·纳姆耶尔（Dasho Tshering Namgyel）
不丹高等法院法官
tshenam8@ gmail.com

* 高劳布·叶适（Garab Yeshi）
皇家法院廷布地区法院第二庭书记员
Thimphu District Court
Royal Court of Justice
Thimphu
Bhutan
gyeshi@ judiciary.gov.bt

巴西

*弗拉迪米尔·帕索斯·德弗雷塔斯（Vladimir Passos de Freitas）
博士，Passos de Freitas 环境咨询公司发起人
Av.Padre Anchieta，2285，cjto.1201
CEP 80730-000
Curitiba，Paraná

Brazil

vladimir.freitas@ terra.com.br

［联邦第四巡回上诉法院院长（2003—2005 年），巴西联邦环境法院的创建者］

＊阿达尔韦托·卡瑞姆·安东尼奥（Adalberto Carim Antonio）

博士，亚马孙州环境和农事法院法官

Court of the Environment and Agrarian Issues

State of Amazonas

Av.Humberto Calderaro Filho s/n Aleixo

69055-070 Manaus，Amazonas

Brazil

adalberto.carim@ tjam.jus.br

安东尼奥·赫尔曼·本杰明（Antonio Herman Benjamin）

高级法院法官

SAFS-Quadra 06-Lote 01-Trecho III

CEP：70095-900-Brasília

Federal District

Brazil

ahbenja@ gmail.com；marconil@ stj.jus.br

加拿大—不列颠哥伦比亚省

＊马克·哈多克（Mark Haddock）

不列颠哥伦比亚省森林实践委员会总顾问

1675 Douglas St

Victoria，BC V8W 2G5

Canada

Mark.Haddock@ gov.bc.ca

加拿大—安大略省

*杰瑞・V. 德马科（Jerry V. DeMarco）

安大略省环境和土地法庭轮值执行主席

Environment and Land Tribunals Ontario

655 Bay Street, Suite 1500

Toronto, Ontario M5G 1E5

Canada

Jerry.DeMarco@ ontario.ca

智利

拉斐尔・阿森霍・塞赫尔斯（Rafael Asenjo Zegers）

圣地亚哥环境法院主席

Segundo Tribunal Ambiental de Chile

Morandé 360, piso 8

8340386 Santiago

Chile

rasenjoz@ tribunalambiental.cl; mphernandez@ tribunalambiental.cl

*迈克尔・汉克・多马斯（Michael Hantke Domas）

首席大法官

Tercer Tribunal Ambiental de Chile

General Lagos no.837

Valdivia

Chile

mhantkedo@ 3ta.cl

*米格尔・I. 费雷德斯（Miguel I. Fredes）

律师

Dr.Sótero del Rio 508

Suite # 303

Santiago

Chile

fredeslegalconsultant@ gmail.com

中国

* 张宝
中南大学法学院副教授
湖南省长沙市岳麓山南路 932 号　　邮编　　410083
yisulaw@ gmail.com
* 张敏纯
长沙理工大学副教授
湖南省长沙市天公区赤岭路 45 号　　邮编　　410076
zhangminchun@ gmail.com
* 王树义
武汉大学环境法研究所教授、博士生导师
湖北省武汉市武汉大学法学院　　邮编　　430072
wenmin811@ aliyun.com
* 周迪
武汉大学环境法研究所博士研究生
湖北省武汉市武汉大学法学院　　邮编　　430072
zhoudi19890703@ 126.com
* 本·波尔（Ben Boer）
悉尼大学法学院荣誉教授
武汉大学环境法研究所教授
University of Sydney Law School Building（F10）

Eastern Ave

Sydney NSW 2006

Australia

ben.boer@ sydney.edu.au

哥斯达黎加

＊拉斐尔·贡扎雷斯·巴拉 （Rafael González Ballar）

哥斯达黎加大学法学院教授

University of Costa Rica

San Pedro Montes de Oca

San José

Costa Rica

rgonzalezballar@ gmail.com

萨尔瓦多

＊路易斯·弗朗西斯科·洛佩兹·库兹玛 （Luis Francisco López Guzmán）

律师、公证员

Firma Legal López Guzmán

17 C.Pte.#210， Cond.G.Z.G.Local 1

Centro de Gobierno

San Salvador

El Salvador

firmalegal_ lopezguzman@ yahoo.es

印度

＊斯瓦檀特尔·库马尔 （Swatanter Kumar）

国家绿色法庭主席

National Green Tribunal

Faridkot House， Copernicus Marg

New Delhi-110 001

India

ps.justsk@ gmail.com

＊吉檀迦利（吉塔）·内恩·吉尔（Gitanjali（Gita）Nain Gill）

博士

诺森比亚法学院商事与法学院

Faculty of Business and Law，Northumbria Law School

Northumbria University

Newcastle upon Tyne NE1 8ST

UK

gita.gill@ northumbria.ac.uk

爱尔兰

＊艾尼·赖亚尔（Aine Ryall）

科克大学学院法学院高级讲师

School of Law

University College Cork

Cork

Ireland

a.ryall@ ucc.ie

日本

＊白仓侑奈（Yuna Shirakura）

环境争议协调委员会助理主任

Environmental Dispute Coordination Commission

3-1-1 Kasumigaseki，Chiyoda-ku

Tokyo

Japan

kouchoi@ soumu.go.jp

＊大久保规子（Noriko Okubo）

博士、大阪大学法律与政治研究生院教授

Graduate School of Law and Politics

Osaka University

1-6 Machikaneyama-cho

Toyonaka, Osaka 560-0043

Japan

okku@ db3.so-net.ne.jp; okku@ law.osaka-u.ac.jp

肯尼亚

*萨姆孙·欧肯欧（Samson Okong'o）

肯尼亚环境和土地法院审判长

Environment and Land Court of Kenya

Milimani Law Court

P.O.Box 30041-00100

Nairobi

Kenya

samson.okongo@ judiciary.go.ke; okongosamson@ gmail.com

简·A. 多瓦兹（Jane A. Dwasi）

博士

国家环境法庭主席

National Environmental Tribunal

Popo Road, South C（BelleVue）

Nairobi

Kenya

chair.netkenya@ gmail.com

新西兰

*劳里·纽霍克（Laurie Newhook）

新西兰环境法院首席大法官

Environment Court of New Zealand

PO Box 7147

Wellesley Street

Auckland

New Zealand

newhook@ courts.govt.nz

*玛琳·P. 奥利弗（Marlene P. Oliver）

环境法庭专家委员

PO Box 47320

Ponsonby

Auckland 1144

New Zealand

marlene.oliver@ xtra.co.nz

巴基斯坦

*赛义德·曼苏尔·阿里·沙（Syed Mansoor Ali Shah）

拉合尔高等法院

Lahore High Court

Mall Rd.

Lahore 54000

Pakistan

manlive@ gmail.com

秘鲁

*路易斯·爱德华多·拉米雷斯·巴通（Luis Eduardo Ramirez Patrón）

环境执法法庭成员

Tribunal de Fiscalización Ambiental（Environmental Enforcement Tribunal）

717-3500 Anexo 500

Calle Manuel Gonzales Olaechea No.424

San Isidro-Lima

Peru

lramirez@ oefa.gob.pe ; eramirezp1404@ gmail.com

菲律宾

* 若泽・迈达斯・P. 马奎斯 （Jose Midas P. Marquez）

菲律宾最高法院行政管理人员

Supreme Court of the Philippines

Old Supreme Court Building, 3d Floor

Padre Faura Street

Manila 1000

Philippines

jmpmarquez@ sc.judiciary.gov.ph ; oca@ sc.judiciary.gov.ph

* 安东尼奥 （托尼）・奥博萨 （Antonio （Tony） Oposa Jr.）

律师

Mania Philippines

tonyoposa1024@ gmail.com

南非

* 路易斯・J. 科兹 （Louis J. Kotzé）

西北大学法学院教授

Faculty of Law

North-West University

Potchefstroom Campus

Private Bag X6001

Potchefstroom

2520

South Africa

Louis.Kotze@ nwu.ac.za

瑞典

*简·达波（Jan Darpö）
乌普萨拉大法学院环境法教授
Faculty of Law
Uppsala University
PO Box 512
SE-751 20 Uppsala
Sweden
Jan.Darpo@ jur.uu.se

泰国

*桑特里亚·穆安帕王（Suntariya Muanpawong）
司法研究部首席法官
泰国最高法院环境部秘书
Supreme Court of Thailand
Changwattana Road，Laksi District，
Bangkok 10210
Thailand
suntariya@ hotmail.com

特立尼达和多巴哥

温斯顿·C. 安德森（Winston C. Anderson）
加勒比法院法官
Caribbean Court of Justice
134 Henry Street
P.O.Box 1768
Port of Spain

Trinidad and Tobago

wanderson@ caribbeancourtofjustice.org

查特拉姆·西纳南（Chateram Sinanan）

特立尼达和多巴哥环境委员会主席

Environmental Commission of Trinidad and Tobago

1st Floor E.F. "Telly" Paul Building

Corner of St. Vincent and New Streets,

Port of Spain,

Trinidad and Tobago

chateramsinanan@ yahoo.com

英国

* 理查德·麦克罗里（Richard Macrory）

伦敦大学法学院法律与环境中心教授

University College London

Bentham House

4-6 Endsleigh Gardens

London WCIH0EG

UK

richard.macrory@ gmail.com; r.macrory@ ucl.ac.uk

罗伯特·卡恩沃思（Robert Carnwath）

英国最高法院法官

Parliament Square

London SW1P 3BD

UK

carnwathr@ supremecourt.uk

美国—全国性的

* 凯西·A. 斯坦（Kathie A. Stein）

＊ 玛丽·凯·林奇（Mary Kay Lynch）

＊玛丽·贝丝·沃德（Mary Beth Ward）

美国联邦环境保护局环境上诉委员会法官

US Environmental Protection Agency

1200 Pennsylvania Avenue，NW

Mail Code 1103M

Washington，DC 20460

stein.kathie@ epa.gov

斯科特·富尔顿（Scott Fulton）

美国环境法研究所主席

Environmental Law Institute

1730 M Street NW，Suite 700

Washington，DC 20036

USA

fulton@ eli.org

约翰（杰伊）·彭德格拉斯［John（Jay）Pendergrass］

司法教育项目主席，计划和出版部副主席

美国环境法研究所

Environmental Law Institute

1730 M Street NW，Suite 700

Washington，DC 20036

USA

pendergrass@ eli.org

＊玛丽德斯·怀特（Merideth Wright）

美国环境法学研究所

杰出司法学者

Environmental Law Institute

1730 M Street NW，Suite 700

Washington，DC 20036

USA

envj.wright@ gmail.com

［曾担任佛蒙特州环境法官（1990—2011 年）］

＊拉拉娜特·德席尔瓦（Lalanath DeSilva）

环境民主实践部主任

世界资源研究所

10 G Street NE，Suite 800

Washington，DC 20002

USA

Ldesilva@ wri.org

尼古拉斯·A. 罗宾逊（Nicholas A. Robinson）

佩斯大学环境法学教授、柯林环境法荣誉教授

Pace University School of Law

78 North Broadway，P212

White Plains，NY 10603

USA

nrobinson@ law.pace.edu

＊约翰·博宁（John Bonine）

俄勒冈大学法学院法学教授博纳德·B. 克里克斯（Bernard
B. Kliks）

1221 University of Oregon

Eugene，OR 97403-1221

USA

jbonine@ uoregon.edu

美国—夏威夷州

迈克尔·D. 威尔逊（Michael D. Wilson）

夏威夷最高法院助理法官

环境法庭工作组主席

Aliʻiolani Hale

417 South King Street

Honolulu，HI 96813-2943

USA

Michael.d.wilson@ courts.hawaii.gov

美国—马萨诸塞州

蒂莫西·M. 琼斯（Timothy M. Jones）

马萨诸塞州环境保护部上诉和争议解决办公室主任

Department of Environmental Protection

123 Massasoit St.

Northampton，MA 01060

USA

timothymjones123@ gmail.com

美国—佛蒙特州

*托马斯·S. 德金（Thomas S. Durkin）

佛蒙特高等法院—环境部法官

Costello Courthouse

32 Cherry Street

2nd Floor，Suite 303

Burlington，VT 05401

USA

thomas.durkin@ vermont.gov

附件 F　作者简介

乔治（洛克）·普林是美国科罗拉多州丹佛市丹佛斯特姆法学院法学荣誉教授，他教授的课程有环境法、国际环境法、水资源法、公共土地和资源法、宪法和行政法，目前在这些领域提供咨询和出版刊物。他的职业生涯包括在一家大型律师事务所负责诉讼和公共财务事务；作为俄亥俄州检察长办公室环境诉讼局局长为政府服务；与非政府组织环境保护基金共同从事公益法律事务。他同时也是政府和民间社会顾问和讲师。电子邮箱：rpring @ law.du.edu。

凯瑟琳（凯蒂）·普林是一位屡获殊荣的专业调解人和协调人，同时也是基金会项目官员、系统分析师和政府工作者。她的工作包括促进社团和社区建设，组织评估、方案设计和开发、监察员服务、立法游说、撰写筹资建议、卫生和社会服务方面的系统评价，以及团体和个人冲突解决。电子邮箱：kittypring@ earthlink.net。

普林夫妇是丹佛大学环境法院和法庭研究课题的共同负责人。他们的完整简历可以通过研究中心的网站（www.law.du.edu/

ect-study）查询。他们出版的关于环境法院和法庭的著作和文章可在该网站免费下载。他们还是他们的国际咨询公司全球环境成就咨询公司（Global Environmental Outcomes LLC）的主要负责人。

附件 G　部分参考文献

Anderson, Judge Winston. "Judicial Perspectives on Human Rights and the Environment," address to the UN Environment Assembly Global Symposium on Environmental Rule of Law (June 24, 2014), http://www.caribbeancourtofjustice.org/wp-content/uploads/2014/06/Judicial-Perspectives-on-Human-Rights-and-the-Environment.pdf.

Ashgar Leghari v.Federation of Pakistan, Lahore High Court case no.W.P.No.25501/2015 (Sept. 14, 2015) (Judge Syed Mansoor Ali Shah's decision in the Climate Change case), http://edigest.elaw.org/pk_Leghari(link at bottom of that webpage).

Asian Development Bank. "Proceedings of the Third South Asia Judicial Roundtable on Environmental Justice for Sustainable Green Development" (Aug. 8-9, 2014), http://www.adb.org/publications/proceedings-third-south-asia-judicial-roundtableenvironmental-justice(download link in upper right).

Asian Development Bank. "Environmental Governance and the Courts in Asia" (June 2012), http://www.adb.org/publications/environmental-governance-and-courts-asiaasian-judges-network-environment.

Benjamin, Antonio Herman. "We, the Judges, and the Environment," 29 *Pace Environmental Law Review* 582 (2012), http://digitalcommons.pace.edu/pelr/vol29/iss2/8.

Asian Development Bank. "Asian Judges: Green Courts and Tribunals, and Environmental Justice" (April 2010), http://www.adb.org/sites/default/files/publication/27654/2010-brief-01-asian-judges.pdf.

Bjällås, Ulf. "Experiences of Sweden's Environmental Courts," 3 *Journal of Court Innovation* 177 (2010), https://www.nycourts.gov/court-innovation/Winter-2010/index.shtml.

Boyd, David R. "The Constitutional Right to a Healthy Environment," *LawNow* (Feb. 28, 2013), http://www.lawnow.org/right-to-healthy-environment/.

Creyke, Robin. "Amalgamation of Tribunals: Whether 'tis Better...?" (2015) (copy with authors).

Darpö, J. "Effective Justice? Synthesis report of the study on the Implementation of Articles 9.3 and 9.4 of the Aarhus Convention in the Member States of the European Union"(2013), http://ec.europa.eu/environment/aarhus/pdf/synthesis%20report%20on%20access%20to%20justice.pdf.

Department of Justice of Tasmania. "A Single Tribunal for Tasmania-Discussion Paper" (Sept. 2015), http://www.justice.tas.gov.au/about/reports_and_inquiries/current/a_single_tribunal_for_tasmania.

Foti, Joseph, et al. Voice and Choice: *Opening the Door to Environmental Democracy* (2008), http://www.wri.org/publication/voice-and-choice.

Fulton, Scott & Antonio Benjamin. "Foundations of Sustainability," *Environmental Forum* 32 (Nov./Dec. 2011), http://ssrn.com/abstract=1950777.

Gill, Gitanjali Nain. *Environmental Justice in India: The National Green Tribunal* (Routledge, forthcoming 2016).

Gill, Gitanjali Nain. "Environmental Justice in India: The National Green Tribunal and Expert Members," *Transnational Environmental Law* (Dec. 2, 2015), http://journals.cambridge.org/action/displayAbstract? fromPage = online&aid = 10052637&fulltextType =

RA&fileId=S2047102515000278（click PDF or HTML link）.

Gill, Gitanjali Nain. "Access to Environmental Justice in India with Special Reference to National Green Tribunal: A Step in the Right Direction," *Ontario International Development Agency International Journal of Sustainable Development*（2013）, http://papers. ssrn.com/sol3/papers.cfm?abstract_id=2372921.

Haddock, Mark. "Environmental Tribunals in British Columbia"（2011）, http://www.elc.uvic.ca/environmental-tribunals-in-british-columbia/.

Hamilton, Mark. "'Restorative justice activity' orders: Furthering restorative justice intervention in an environmental and planning law context?" 32 *Environmental & Planning Law Journal* 548（2015）（copy with authors）.

Hassan, Dr. Parvez. "Good Environmental Governance: Some Trends in the South Asian Region," presentation at the 3rd UNITAR-Yale Conference on Environmental Governance and Democracy（Sept. 5-7, 2014）, http://conference.unitar.org/yale2014/session-1-taking-stock-state-art-knowledge-human-rights-environment-interface.

Hofschneider, Anita. "Environmental Court: Hopes for Stricter Law Enforcement, Fears of Improper Influence," *Honolulu Civil Beat*（July 2, 2015）, http://www.civilbeat.com/2015/07/hawaiis-environmental-court-debuts-hopes-for-consistency-fears-ofimproper-influence/.

Kotzé, Louis J. *Global Environmental Constitutionalism in the Anthropocene*（Hart/Bloomsbury, Oxford, forthcoming 2016）.

Kourlis, Rebecca Love. "10 ways to reform the civil justice system by changing the culture of the courts," *American Bar Association Journal*（Jan. 14, 2016）, http://www.abajournal.com/legalrebels/article/to_reform_the_civil_justice_system_we_need_more_than_rule_changes.

Lakshmi, Rama. "India's aggressive green court takes lead role in high-stakes battles, "*Washington Post*(Sept. 16, 2015) , https: //www. washingtonpost. com/world/asia _ pacific/indiasaggressive-green-court-takes-lead-role-in-high-stakes-battles/2015/09/15/5144ed98 − 5700 − 11e5−9f54−1ea23f6e02f3_ story.html.

Mank, Bradford C.& Suzanne Smith. "Book Review, David R. Boyd, the Environmental Rights Revolution: A Global Study of Constitutions, Human Rights, and the Environment (2012)," 35 *Human Rights Quarterly* 1021 (2013), http: //papers. ssrn. com/ sol3/papers.cfm? abstract_ id = 2437933.

Mrema, Elizabeth. "Prologue" in Organization of American States, UNEP, et al., *Environmental Rule of Law: Trends from the Americas* (2016), www. oas. org/en/sedi/dsd/ELPG/aboutELPG/E-vents/IA_ congress_ 2015.asp.

Nanda, Ved P.& George (Rock) Pring. *International Environmental Law and Policy for the 21st Century* (2nd rev.ed., 2013).

Newhook, Laurie (2015). "Electronic Information and Services in the Environment Court of New Zealand-Access Advantages and Risk Factors for Self-Represented Litigants," paper for AIJA Conference (21 − 22 May), http: //www. justice. govt. nz/courts/environment-court/environment-court-decisions-and-publications − 1/annual-reportsof-the-registrar.

Newhook, Laurie (2015). "New Horizons in the Environment Court: Innovations in Dispute Resolution in Environmental Disputes," address to AMINZ Conference, http: //www. justice. govt. nz/courts/ environment-court/environment-court-decisionsand-publications − 1/an-nual-reports-of-the-registrar.

Parry, Judge David. "Structure and restructure, the rise of FDR and experts in hot tubs-Reflections on the first decade of the State Administrative Tribunal of Western Australia," plenary address to Council of Australasian Tribunals National Conference (2015), http://www.sat.justice.wa.gov.au/_ files/Judge _ Parry _ COAT _ National_ Conference_ 2015_ paper.pdf.

Preston, Justice Brian J. "Climate Justice and the Role of an International Environmental Court," in *Climate Change, Planning and the Law* (DLA Piper 2015), http://www.lec.justice.nsw.gov.au/Pages/publications/speeches_ papers.aspx.

Preston, Justice Brian J. "Specialised Court Procedures for Expert Evidence," plenary address at Japan Federation of Bar Associations (Oct. 24, 2014), http://www.lec.justice.nsw.gov.au/Pages/publications/speeches_ papers.aspx.

Preston, Justice Brian J. "Characteristics of successful environmental courts and tribunals," 26 *Journal of Environmental Law* 365 (2014), http://www.lec.justice.nsw.gov.au/Pages/publications/speeches_ papers.aspx.

Preston, Justice Brian J. "Benefits of Judicial Specialization in Environmental Law: The Land and Environment Court of New South Wales as a Case Study," 29 *Pace Environmental Law Review* 396 (2012), http://digitalcommons.pace.edu/pelr/vol29/iss2/2/.

Preston, Justice Brian J. "The Use of Restorative Justice for Environmental Crime," 35 *Criminal Law Journal* 136 (2011), http://papers.ssrn.com/sol3/papers.cfm?abstract_ id = 1831822.

Preston, Justice Brian J. "The Land and Environment Court of New South Wales: Moving Towards a Multi-Door Courthouse," 19 *Australasian Dispute Resolution Journal* 72 (Part 1) and 144 (Part 2), http://papers.ssrn.com/sol3/papers.cfm?abstract_ id = 2346046.

Preston, Justice Brian J. "Principled sentencing for environmental offences," 31 *Criminal Law Journal* 91 (Part I) and 142 (Part II)

（2007），http：//www. lec. justice. nsw. gov. au/Pages/publications/speeches_ papers.aspx.

Pring, George W.& Penelope Canan. SLAPPs：*Getting Sued for Speaking Out*（1996）.

Pring, G.& Pring, C. "Environmental Courts and Tribunals," chapter in *Decision Making in Environmental Law*（R.Glicksman, L. Paddock & N.Bryner, eds., Edward Elgar *Encyclopedia of Environmental Law* multi-volume series, forthcoming 2016）（download free at www.law.du.edu/ect-study）.

Pring, G.& Pring, C. "Specialized Environmental Courts and Tribunals（ECTs）-Improved Access Rights in Latin America and the Caribbean and the World," in Organization of American States, UNEP, et al., *Environmental Rule of Law：Trends from the Americas*（2016）（download free at www.law.du.edu/ect-study）.

Pring, G.& Pring, C. "Twenty-first century environmental dispute resolution-Is there an ECT in your future?" 33 *Journal of Energy & Natural Resources Law* 10（2015）（download free at www.law.du. edu/ect-study).

Pring, G.& Pring, C. "Greening Justice：Rights of Access to Information, Public Participation, and Access to Justice-What Can Environmental Courts and Tribunals Contribute?" 2014 *Gyoseiho-Kenkyu* [*Administrative Law Review*] No.5 at 3（download free in English at www.law.du.edu/ect-study）.

Pring, G.& Pring, C. "The "greening" of justice：will it help the poor?" in IUCN/AEL, *Poverty Alleviation and Environmental Law* 223（Yves Le Bouthillier, et al.eds., 2012（download free at www. law.du.edu/ect-study）.

Pring, G.& Pring, C. "The Future of Environmental Dispute Resolution," in *Perspectives on International Law in an Era of Change*

482（2012）（simultaneously published in 40 *Denver Journal of International Law & Policy* 482（2012）（download free at www.law.du. edu/ect-study）.

Pring, G.& Pring, C. "Environmental Courts or Environmental Tribunals-Which Model Works Better?" circulated paper（2010）（download free at www.law.du.edu/ect-study）.

Pring, G.& Pring, C. "Increase in Environmental Courts and Tribunals Prompts New Global Institute," 3 *Journal of Court Innovation* 11（2010）（download free at https://www.nycourts.gov/court-innovation/Winter－2010/index.shtml or www.law.du.edu/ect-study）.

Pring, G.& Pring, C. "Specialized Environmental Courts and Tribunals: The Explosion of New Institutions to Adjudicate Environment, Climate Change, and Sustainable Development," invited paper at 2d Yale-UNITAR Global Conference on Environmental Governance and Democracy, Sept. 19, 2010（download free at www.law.du.edu/ectstudy）.

Pring, G.& Pring, C. *Greening Justice: Creating and Improving Environmental Courts and Tribunals*（The Access Initiative/World Resources Institute 2009）（download free at www.law.du.edu/ect-study）.

Pring, G.& Pring, C. "Specialized Environmental Courts & Tribunals at the Confluence of Human Rights and the Environment," 11 *Oregon Review of International Law* 301（2009）（download free at www.law.du.edu/ect-study）.

Rackemann, Judge Michael E. "Planning and environmental practice and procedure," paper delivered to the Queensland Environmental Law Association Seminar（Mar. 31, 2014）, www.sclqld.org.au/judicial-papers/judicial-profiles/profiles/merackemann/papers/1.

Rackemann, Judge Michael E. "Practice and procedure for expert evidence in the Planning and Environment Court of Queensland," 27 *Australian Environmental Review* 276 (2012), www.sclqld.org.au/judicial-papers/judicial-profiles/profiles/merackemann/papers/1.

Rackemann, Judge Michael E. "Expert evidence reforms-How are they working?" 2012 *Resource Management Theory and Practice* 41, www.sclqld.org.au/judicial-papers/judicial-profiles/profiles/merackemann/papers/1.

Rackemann, Judge Michael E. "Environmental decision-making, the rule of law and environmental justice," 2011 *Resource Management Theory and Practice* 37, www.sclqld.org.au/judicial-papers/judicial-profiles/profiles/merackemann/papers/1.

Rahmadi, Takdir. "The Indonesian Judicial Certification Program on the Environment," PowerPoint (2012), www.asianjudges.org/wp-content/uploads/2014/04/Environmental-Law-Certification-for-Indonesian-Judges.pdf).

UN Economic Commission for Latin America and the Caribbean (ECLAC). "Preliminary Document: Regional Agreement on Access to Information, Public Participation and Access to Justice in Environmental Matters in Latin America and the Caribbean" (May 5, 2015), http://repositorio.cepal.org/handle/11362/37953? show=full.

UN Economic Commission for Latin America and the Caribbean (ECLAC). *Access to information, participation and justice in environmental matters in Latin America and the Caribbean: situation, outlook and examples of good practice* (Oct. 2013), https://sustainabledevelopment.un.org/index.php? page = view&type = 400&nr = 991&menu = 35.

UNEP. *Putting Rio Principle 10 into Action: An Implementation Guide for the UNEP Bali Guidelines for the Development of National Legislation on Access to Information, Public Participation and Access to*

Justice in Environmental Matters （Oct. 2015）, http：//www. unep. org/civil-society/Portals/24105/documents/BaliGuidelines/UNEP% 20MGSBSGBS% 20.BALI%20GUIDELINES.pdf

UNEP. *Enforcement of Environmental Law: Good Practices from Africa, Central Asia, ASEAN Countries and China* (2015), http://www. unep. org/environmentalgovernance/Publications/tabid/383/Default. aspx

UNEP. "Issue Brief-Environmental Rule of Law：Critical to Sustainable Development" （May 2015）, www. unep. org/delc/Portals/ 24151/Documents/issue-brief-environmental-justicesdgs.pdf.

UNEP & UN Economic and Social Commission for Asia and the Pacific （ESCAP）. "Background Paper：Asia-Pacific Roundtable on Environmental Rule of Law for Sustainable Development in Support to the Post-2015 Development Agenda" （May 1, 2015）, www.unep. org （then search for " Background Paper：Asia-Pacific Roundtable" ）.

UNEP & Center for International Environmental Law （CIEL）. UNEP *Compendium on Human Rights and the Environment*(2014), http://www. unep. org/environmentalgovernance/UNEPsWork/Human-RightsandtheEnvironment/tabid/130265/Default. aspx; www. unep. org/ delc/Portals/119/publications/UNEP-compendium-human-rights-2014.pdf.

UNEP. "Guidelines for the Development of National Legislation on Access to Information, Public Participation and Access to Justice in Environmental Matters" [UNEP Bali Guidelines] （Feb. 26, 2010 ）, http：//www. unep. org/civil-society/Portals/24105/documents/Guidelines/GUIDELINES_ TO _ ACCESS_ TO_ ENV _ INFO_ 2.pdf.

UNEP. *Training Manual on International Environmental Law*

（2006），www. unep. org/environmentalgovernance/Portals/8/documents/training_ Manual.pdf.

UN General Assembly. "The road to dignity by 2030：ending poverty, transforming all lives and protecting the planet-Synthesis report of the Secretary-General on the post-2015 sustainable development agenda," Doc no. A/69/700（Dec. 4, 2014），http：//www. un.org/disabilities/documents/reports/SG_ Synthesis_ Report_ Road_ to_ Dignity_ by_ 2030.pdf.

Urgenda Foundation v. The State of the Netherlands, District Court of the Hague, Netherlands case no. C/09/456689/HA ZA 13－1396（June 24, 2015）（the Dutch Climate Change Case），http：//edigest.elaw.org/node/42.

Villiers, Bertus de. "From advocacy to collegiality：The view of experts from 'concurrent evidence' and 'expert conferral' in the State Administrative Tribunal," 25 *Journal of Judicial Administration* 11（2015）.

Villiers, Bertus de. "Self-represented litigants and strata title disputes in the State Administrative Tribunal：An experiment in accessible justice," 24 *Journal of Judicial Administration* 30（2014）.

World Justice Project（WJP）. *Rule of Law Index：2015*, http：//worldjusticeproject.org/ruleof-law-index.

World Justice Project（WJP）. *Open Government Index：2015 Report*, http：//worldjusticeproject.org/open-government-index.

World Resources Institute & The Access Initiative. "The Environmental Democracy Index"（2015），http：//www.environmental-democracyindex.org/.

Wright, Merideth. "Procedural environmental rights giving access to justice: lessons from Vermont and other courts handling environmental cases around the world," presentation at the 3rd UNITAR-Yale

Conference on Environmental Governance and Democracy(Sept. 5 - 7, 2014), http://conference. unitar. org/yale2014/session-1-taking-stock-stateart-knowledge-human-rights-environment-interface.

Wright, Merideth. "The Vermont Environmental Court," in 3 *Journal of Court Innovation* 201 - 14 (2010), https://www. nycourts.gov/court-innovation/Winter-2010/jciWright.pdf.

（注：该《法院创新》期刊的特刊主题为"环境司法的角色"，它收录了14篇各国环境法院和法庭的论文，均可免费下载，网址：https://www. nycourts. gov/court-innovation/Winter-2010/index.shtml.）

附件 H 环境法院和法庭授权立法和实际规则—范例

印度

2010 年《国家绿色法庭法案》，www.moef.nic.in/downloads/public-information/NGT-fin.pdf。

《国家绿色法庭规则》，http：//www.greentribunal.gov.in/ngt_rules.aspx。

肯尼亚

肯尼亚《宪法》，162（2）（b）和 162（3），http：//kenyalaw.org/kl/index.php？id=398。

2011 年《环境和土地法院法》（2012 年修订），http：//www.kenyalaw.org/lex//actview.xql？actid = CAP.12A。

《环境法院实践指南》（2012 年 11 月 9 日），http：//kenyalaw.org/kl/index.php？id=839。

《环境法院实践指南》（2014 年 7 月 25 日），http：//kenyalaw.org/kl/index.php？id=5082。

澳大利亚新南威尔士州

1979 年《土地和环境法院法案》，其他相关法案和规则，http：//www.lec.justice.nsw.gov.au/Pages/practice_procedure/legislation/legislation.aspx。

赋予土地和环境法院管辖权的法案，http：//www.lec.justice.nsw.gov.au/Pages/practice_procedure/legislation/actsthatconferjurisdiction.aspx。

《土地和环境法院规则、实践纪要、指示政策和原则》，http：//www.lec.justice.nsw.gov.au/Pages/practice_procedure/

practice_ procedure.aspx。

新西兰

1996 年《资源管理法》（修正版）［授权法］，http：//www.
legislation.govt.nz/act/public/1996/0160/latest/DLM407455.html。

其他赋予新西兰环境法院管辖权的法规，http：//www.
justice.govt.nz/courts/environment-court/about-the-court/jurisdiction.

《实践纪要 2014》，http：//www. justice. govt. nz/courts/envi-
ronment-court/practice-note。

加拿大安大略省

2009 年《审判庭问责、治理和任命法》第 15—19 节将现有
的 5 个法庭集中起来合并成安大略省环境和土地法庭，https：//
www.ontario.ca/laws/statute/09a33。

安大略省环境和土地法庭（和单独的环境法庭）指南、实践
和实践指导，http：//www.ert.gov.on.ca/english/guides/。

菲律宾

菲律宾最高法院，指定专门法院审判和裁决环境案件（行政
命令第 23 - 2008 号），http：//law. pace. edu/sites/default/files/
IJIEA/primary_ sources/Philippines_ AONo23 - 2008_ Designation_
of_ Special_ Courts.pdf。

菲律宾最高法院《环境案件程序规则》（A.M.No.09 - 6 - 8 -
SC，2010 年 4 月 13 日），www. lawphil. net/courts/supreme/am/
am_ 09 - 6 - 8 - sc_ 2010.html。

澳大利亚昆士兰州

2009 年《可持续规划法》，第 435 节（规划和环境法院的授
权立法），http：//www5.austlii.edu.au/au/legis/qld/consol_ act/spa-

2009212/。

规划和环境法院相关立法、规则和实践指导，http：//www.courts.qld.gov.au/courts/planning-and-environment-court/legislation。

《规划和环境法院实践指南》，http：//www.courts.qld.gov.au/courts/planning-and-environment-court。

《规划和环境法院实用实践提示》，http：//www.courts.qld.gov.au/courts/planning-and-environmentcourt/useful-practice-hints。

规划和环境法院常见问题，http：//www.courts.qld.gov.au/courts/planning-and-environmentcourt/common-questions。

美国佛蒙特州

环境法庭诉讼规则，http：//www.lexisnexis.com/hottopics/vt-statutesconstctrules/（滚动到"环境法庭诉讼程序规则"并单击"+"号）。

译　后　记

乔治（洛克）·普林教授和凯瑟琳（凯蒂）·普林教授是国际环境司法研究的先驱，他们最早在环境法院和法庭问题方面展开全球范围内的系统研究。2007 年以来，普林教授夫妇领导的丹佛大学环境法院和法庭研究中心持续对世界上 20 多个国家和地区的近 200 位专家进行调研访谈，并以此为基础形成了《绿色司法——建立和完善专门环境法院和法庭》一书，该书被各国研究环境司法的专家学者广泛引用。2007 年，我国历史上第一个专门的环境法庭——贵阳市中级人民法院生态保护审判庭正式建立，由此开启了我国环境司法专门化的历程。过去的十年间，伴随着全球环境司法专门化的浪潮，我国的专门环境审判机构建设取得了长足的发展。我国成为世界上专门环境审判机构数量最多、层级覆盖面最广的环境司法"引领者"。与此同时，我国环境司法专门化也开始由审判机构的专门化，发展为包括审判机构、审判机制、审判程序、审判理论以及审判团队专门化在内的"五位一体"专门化体系①的新阶段。在这样的国际环境和国内背景下，将《环境法院和法庭：决策者指南》一书介绍进来，既是对环境司法专门化发展历程的回顾、总结与纪念，更是对环境司法专门化发展前景的分析、启示与展望。

2015 年，联合国环境署委托普林教授夫妇基于《绿色司

---

① 《不断提升环境资源审判工作专门化水平　为加快推进生态文明建设提供更加有力司法保障》，最高人民法院党组副书记、副院长江必新在第一次全国法院环境资源审判工作会议上的讲话，2015 年 11 月 7 日。

法——建立和完善专门环境法院和法庭》一书，撰写一部面向各国环境司法决策者的实用型指南。2016 年 10 月，《环境法院和法庭：决策者指南》一书英文版问世。它对 40 余个国家和地区的超过 1200 个专门环境审判机构进行分析归纳，归纳出不同的环境审判机构模式和运行实践模式。在多年的调研工作过程中，普林教授夫妇不仅是各国环境法院和法庭信息的辛勤捕捉者和忠实传递者，更是全球范围环境司法研究"无形之网"的搭建者。普林教授夫妇通过环境法院和法庭问题研究将分散在各国的机构和专家联系起来，为环境司法在探索实现环境正义方面铺路搭桥，这一工作无疑是意义非凡和可贵可敬的。

在为了该书撰写而开展的又一轮全球范围调研过程中，普林教授夫妇通过电子邮件联系到了我的导师，也是最早在中国提出环境司法专门化的学者——武汉大学法学院王树义教授。我有幸见证了两位环境司法方面的专家跨越时空的交流，并从中受教。本书的英文版出版后，我萌生了将本书翻译成中文供更多的环境司法实务工作者参考的想法。普林教授夫妇得知后给予了我高度肯定，并帮助我就版权事宜联系联合国环境署。我感激于前期调研中我的导师王树义教授与普林教授夫妇交流奠定的良好基础，也感动于普林教授夫妇对年轻学者的信任和鼓励。

翻译本书对我而言是难得和难忘的经历。在翻译过程中，我多次向普林教授夫妇就内容上拿不准的词句列出琐碎的"问题清单"，他们总是第一时间给出非常详尽的解答。每一次的邮件回复，他们总不忘在结尾处特别加一句鼓励的话。也正是普林教授夫妇的鼎力相助，我们得以顺利地从联合国环境署获得本书的中文版权。我的导师王树义教授不仅是环境司法方面的专家，还拥有多年外事工作经历和丰富的外文翻译经验，他创造性地对翻译中的疑难问题提出指导性意见，并通过 2011 国家司法文明协同创新中心和最高人民法院环境资源司法理论研究基地（武汉大学）对中文版的出版予以极大支持。

　　在此一并感谢：我的师妹，武汉大学环境法研究所硕士生王文卓，她为本书部分附件的翻译付出了辛勤工作；我的师姐，中国社会科学出版社梁剑琴博士，从版权事宜的联络到编辑出版，她给予我非常大的专业支持和精神鼓励；联合国环境署法律司司长伊丽莎白·姆雷玛女士以及法律事务部的希尔维娅·班克贝扎女士和杨婉华女士，她们的全方位支持使得本书的中文版最终得以形成。

　　本书的翻译严格遵循忠实于作者和原著的原则，在内容和观点方面未作任何改动，仅在技术方面对尾注、目录等部分的格式，按照中文图书出版规范略作调整。对于外国人名、机构名称和专业术语等，由于译法不统一，我们尽可能采纳较通行、易于理解的译法。此外，本书涉及 40 余个国家多个层级的专门环境审判机构的建立和运行，由于各国司法体制的不同，为文中出现的诸多专门环境审判机构找到一一对应的中文翻译颇费脑筋。在本书中，普林教授夫妇将"tribunal"限定为非司法审判机构，这与我们通常理解的"法庭"其实是有区别的。但通过对具体内容进行分析后发现，其他相关概念难以涵盖这些非司法性的专门环境审判机构，而在普林教授夫妇选取的具体范例中，"tribunal"在运行上反而更接近"法庭"的特征。因此，在与普林教授夫妇沟通并参考国内已有文献的翻译后，我们仍将"tribunal"统一翻译为"法庭"，只是在对具体范例机构的名称进行翻译时予以区别。[①] 翻译过程中还发现一些有趣的现象，例如在介绍澳大利亚新南威尔士州土地和环境法院、巴西玛瑙斯环境法院等范例时，普林教授夫妇提到了修复性司法（restorative justice）这一概念，这与我国环境司法实践中强调生态损害修复之责任承担方式的"修复性司法"（或称"恢复性司法"）不谋而合。

---

　　① 例如翻译为"肯尼亚国家环境仲裁庭""日本环境纠纷协调委员会""印度国家绿色法庭""加拿大环境审查庭""纽约市环境控制委员会""美国环境上诉委员会"等。

　　环境法治为当代法治中国提供了一个融入并促进世界法治发展的契机。在生态文明建设和环境法治进程中，经过十年的探索和发展，我国逐渐走出了一条具有中国特色的环境司法专门化道路。环境司法专门化的中国路径必将成为中国对世界环境法治作出的重要贡献。在这一历史性进程中，能为环境司法的国际交流与合作付出一些努力，是我的荣幸，也是我的心愿。

　　因水平所限和经验不足，错误和瑕疵实恐难免，万望见谅，敬请读者就翻译问题提出批评，以期今后有机会加以订正。

周迪

于珞珈山武汉大学法学院

2017 年 7 月 17 日